HISTOIRE

D'UN

Petit Village

GARRIGUES

Dans le Département du Gard

AVEC FIGURES DANS LE TEXTE

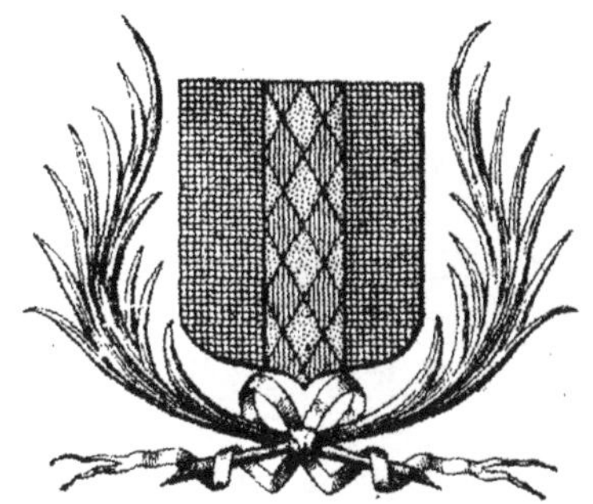

Par A. LOMBARD-DUMAS

*Aux esprits curieux, le Vrai sourit
encore plus que l'Utile.*

J.-E. PLANCHON.

SOMMIÈRES
IMPRIMERIE DEMONTOY & DEJUSSIEU

1903

HISTOIRE

D'UN

Petit Village

GARRIGUES

Dans le Département du Gard

AVEC FIGURES DANS LE TEXTE

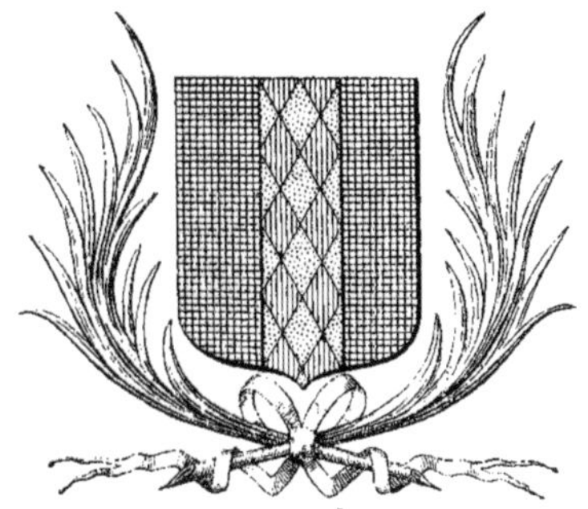

Par A. LOMBARD-DUMAS

*Aux esprits curieux, le Vrai sourit
encore plus que l'Utile.*

J.-E. PLANCHON.

SOMMIÈRES

IMPRIMERIE DEMONTOY & DEJUSSIEU

1903

HISTOIRE D'UN PETIT VILLAGE.

GARRIGUES, dans le Département du Gard.

Perdu dans un coin de la Gardonnenque, uniquement peuplé de paisibles cultivateurs attachés à leur sol, il semble bien qu'un humble village comme est celui de *Garrigues* (1) ne peut guère avoir d'histoire. Je l'ai cru pendant longtemps.

Il est certain en effet que son origine, pas plus que celle d'une foule d'autres localités plus considérables, n'a laissé le moindre souvenir positivement daté. Tout son passé se rattache à l'histoire de la contrée, sans qu'il paraisse possible de rencontrer quelque fait particulier venant éclairer son berceau. — La recherche, d'ailleurs, en vaut-elle la peine? Chez qui peut-elle provoquer un intérêt quelconque ? — Cependant, certains vestiges des temps préhistoriques, puis des romains, la rencontre inattendue des preuves de son occupation séculaire par les Barbares,

____

(1) Garrigues, du celtique *Garik* (chène Kermès).

envahisseurs des Gaules, et surtout enfin la lecture d'un volumineux *Cartulaire,* errant dans la bibliothèque du château de Garrigues et qui relate la série des actes féodaux de ses anciens maîtres, sont venus, après avoir vivement sollicité ma curiosité, me faire entrevoir la possibilité de rétablir quelques liens entre ce lointain passé et les temps actuels, en passant par la généalogie d'une famille qui posséda, durant près de cinq cents ans, la seigneurie de Garrigues.

Cette monographie a fini par me tenter. — Si les grandes familles ont leur histoire, pourquoi, quand l'occasion s'en présente, n'offrirait-on pas aux rares intéressés, pour un coin quelconque de notre belle France, si petit soit-il, les péripéties de l'existence que nos ancêtres y ont vécue ?

Mon vieux cartulaire, qui va cependant de 1250 à 1720, ne nous présentera malheureusement qu'une simple trame historique : tout ce qui n'est pas officiel lui est étranger ; rien ou presque rien des détails intimes de la vie, des aptitudes, des occupations de nos anciens seigneurs ne nous les y montre agissant, pensant ; entre voisins, leurs rapports sont rarement notés ; avec leurs suzerains, pas davantage. Ce sont là pourtant les éléments qui constituent le tissu de l'histoire, c'est là que réside son véritable intérêt. — Ces jeunes chevaliers, ces fiers gentilshommes sont-ils allés, pieux croisés, à la suite des troupes armées pour la conquête de la Terre-Sainte ?

— C'est probable ; la terrible croisade intérieure contre les Albigeois, guerre civile et religieuse, guerre implacable d'extermination au seul profit du clergé ; la défense du territoire affaibli, contre ses envahisseurs les Anglais, les ont-elles vus participer aux sanglantes batailles de ces tristes temps, aussi sombres pour le plus grand nombre que brillants et chevaleresques pour les grands ! C'est certain, mais rien ne nous le dit positivement dans notre cartulaire,

Je me décide néanmoins à réunir les éléments de cette petite histoire, moins pour le public que pour ma propre satisfaction. Car l'obscur village de Garrigues est pour moi plein de charmes. Je l'aime à cause de son obscurité même, à cause des jours heureux qu'y vécut mon enfance, en pleine liberté un peu sauvage ; je l'aime pour son site riant si largement ouvert, pour cette vieille demeure qui, depuis bientôt deux cents ans, fait partie du patrimoine de ma famille, et d'où l'œil charmé contemple, sans rien perdre de ses détails, un vaste et gai horizon qui s'étend au loin en forme d'hémicycle.

Au midi, ce sont les collines calcaires couvertes de bois, connues sous le nom de *Garrigues de Nîmes,* dont la chaîne légèrement ondulée part, à l'ouest de la montagne des

Lens et vient rejoindre, à l'est, le village de Blauzac et les pittoresques escarpements du Gardon ; l'ancien fort de Ste-Anastasie dresse ses ruines au-dessus des gorges profondes où s'engouffre la rivière ; de nombreux villages, Blauzac, Vic, Aubarne, Russan, Dions, La Calmette, Gajean, St-Mamert, Fons, Montignargues et Sauzet animent le paysage et s'étalent aux pieds de ces collines qu'une teinte bleue, particulièrement agréable et douce, confond presque avec l'azur du ciel. Au loin, sur la droite, le pic de Saint-Loup, le pic d'Angeou, les flancs escarpés de l'Aigoual, les trois pitons du Lirou et le Mont Lozère élèvent au-dessus de ce joyeux ensemble leurs hautes cimes cévenoles.

Un long rideau de peupliers signale, au milieu de la fertile plaine, le cours sinueux du Gardon et laisse entrevoir, par ses déchirures, le scintillement de sa nappe argentée.

Du côté opposé, vers le nord, alignés sur une chaîne de collines plus basses où est bâti le village de Garrigues, on voit se succéder ceux de Moussac, de St-Déséry, Collorgues, Aubussargues et le hameau d'Aureilhac. Comme ces localités font toutes à peu près face aux autres, situées sur la rive droite de la rivière, elles semblent former entre elles un grand cercle ininterrompu, du milieu duquel émergent le petit village de Bourdic, entouré de verdure, et, plus loin, le gros bourg de St-Geniès; celui de St-Chaptes, parfois les pieds baignés par les eaux du Gardon débordé, occupe à peu près exactement le centre du bassin.

GÉOLOGIE. — Nous ne remonterons certes pas toutes les périodes géologiques dont la longue série concourut à la formation du minuscule coin du globle qui nous intéresse en ce moment. Il nous suffira de dire que la dépression occupée par le canton de St-Chaptes est à peu près en entier constituée par les dépôts de la période tertiaire lacustre. Un immense lac, aux flots battant les collines crétacées de sa circonférence irrégulière, remplissait de ses eaux douces une cuvette profonde de près de cent mètres.

Dans ce lac vivaient de nombreux poissons. Les espèces qui le peuplaient n'existent plus à notre époque, mais les restes de quelques unes sont parvenues jusques à nous, admirablement conservées à l'état fossile (1), dans les feuillets marneux des couches traversées pour l'établissement de la voie ferrée, près de Mons, au nord de notre bassin lacustre ; sur ses bords plus ou moins vaseux, vivaient de grosses tortues, des crocodiles, de robustes végétaux semi-aquatiques ; un magnifique *Nymphœa*

____

(1) *Atterina Saunieri ; Lebias cephalotis.*

étalait au midi du village d'Aubussargues ses feuilles, grandes comme une petite ombrelle. Le célèbre paléophytographe d'Aix, M. de Saporta, décrivit cette belle espèce fossile en la dédiant à la mémoire du savant géologue de Sommières, sous le nom de *Nymphœa Dumasi ;* non loin de là, au nord du village de Garrigues, subsistent de très nombreux fragments de tiges d'une vigoureuse *Prêle :* on en rencontre quelques-uns mesurant deux fois la grosseur du pouce, ce qui permet d'attribuer à la plante tertiaire une hauteur de plusieurs mètres (1).

Un peu à l'ouest de Saint-Mamert, on exploite actuellement comme phosphate de chaux pour servir à la fabrication des engrais chimiques, un riche gisement de vertébrés fossiles : débris d'un faux *Tapir* gros comme un bœuf (2), de grands Paléothériums et de quelques espèces plus petites.

J'ai recueilli, sur les hauteurs qui dominent Saint-Déséry, les restes fossiles d'un très grand *Éléphant* d'une taille plus élevée que celle du fameux *Mastodonte* de Durfort (Gard). Si l'on en juge par les dimensions du pied gauche, à peu près complet, et d'une partie du fémur et du tibia droits, cet animal mesurait au moins cinq mètres de hauteur.

---

(1) *Equisetum lombardianum.*
(2) *Lophiodon rhinocerodes.*

Pour alimenter une pareille faune d'herbivores, capables de dévorer les forêts les plus luxuriantes, la nature tenait à leur disposition une végétation admirable sans cesse renaissante, entretenue par la même chaleur qui fertilise de nos jours les pays intertropicaux. Il nous en reste certaines preuves représentées par deux grandes espéces de *Palmiers* (1), par une puissante *conifère* (2) et par un *Laurier-Canelle* (3) dont quelques rares débris sont parvenus jusqu'à nous.

L'*Homme* n'apparut que des milliers et des milliers d'années après l'extinction de tous ces êtres, quand les dépôts du lac eurent entièrement comblé sa cuvette, quand les mers de l'époque miocène et de la période pliocène furent à leur tour rentrées dans les limites de la Méditerranée actuelle, quand enfin une nouvelle apparition d'animaux, contemporains de l'Homme, ses compagnons d'aujourd'hui, vint avec lui peupler la terre.

Longtemps encore cet Homme primitif eut à lutter contre de terribles fauves, le *Grand-Ours,* la *Grande-Hyène* qui lui disputaient la possession des cavernes dont il faisait sa demeure; contre une espèce de *Jaguar* qu'il poursuivait dans les bois; contre l'*Auroch,*

---

(1) *Flabellaria major ; Chamœrops dumasiana.*
(2) *Sequoia Sternbergii.*
(3) *Cinnomomum Scheuchzeri.*

le *Cerf*, le *Mammouth* qu'il chassait pour s'en nourrir.

A la fin de la période quaternaire et après un temps difficilement calculable, où s'étaient succédé, même en notre Midi, les *époques glaciaires*, le climat prit une allure plus fixe. Une température sensiblement égale à celle dont nous jouissons permit enfin à l'Homme de passer de la vie nomade à un état plus stable.

I

Période Préhistorique

Un site relativement élevé, dominant la contrée que nous venons de décrire, une petite source au pied du tertre où campèrent ses premiers habitants, un excellent territoire de chasse composé d'une vaste plaine et de collines boisées, — il n'en fallait pas d'avantage, aux temps préhistoriques, pour déterminer une station, qui d'ailleurs n'eut pendant bien longtemps encore qu'une fixité relative.

Aux Sauvages habitants des grottes ouvertes au flancs des escarpements du Gardon, où M. Paul Cazalis de Fondouce et le général Pothier ont découvert les traces de l'industrie humaine pendant la période glaciaire, alors que le Mammouth et le Renne étaient encore les hôtes de notre pays, succéda une race d'hommes plus civilisés, qu'on pense être venue des régions asiatiques.

Ces immigrants, que leur crâne arrondi (brachycéphale) a fait distinguer facilement des races autochtones au crâne long (dolicocéphale), apportèrent avec eux l'art de tailler plus finement les pierres dont ils s'armaient à la guerre comme à la chasse, de polir celles qui leur servaient d'insignes distinctifs; ils importèrent aussi l'art si utile du potier, mais surtout la culture des céréales et l'élevage des animaux domestiques.

Tout autour de notre village, ils ont laissé de nombreuses preuves d'une longue résidence : partout, dans les champs aujourd'hui cultivés, la charrue ramène à la surface quelques silex taillés ; partout, dans les garrigues aujourd'hui désertes, se révèlent les traces d'anciens campements. J'ai même rencontré, entre Garrigues et Bourdic, à cent mètres de la rivière, de nombreux amas de cendres mêlés de pierres calcinées, de fragments de silex et de grossières poteries, restes évidents de l'établissement prolongé d'une peuplade antique logée sous des cabanes. Malheureusement, un profond défoncement, suivi de nombreux labours dans cette partie du sol arable, avait déjà bouleversé, dispersé tous ces précieux indices.

Mon cabinet de Garrigues renferme une petite collection d'objets usuels à ces antiques peuplades : elle a été recueillie sur l'emplacement de plusieurs petites stations de notre voisinage : pointes de flèches, grattoirs, perçoirs, tranchets en silex ; pierres meulières en grès du trias, rapportées des bords du Gardon pour la mouture des grains ; hâches en diorite et en gneiss polies.

A défaut de monuments dolméniques, tant de débris attestent une longue occupation du sol et la continuité du développement de la civilisation durant les diverses périodes préhistoriques.

Non loin de Garrigues en effet, sur la commune de Collorgues, nous avons découvert les premières manifestations artistiques de la période néolithique dans le Midi de la France : deux grandes pierres tumulaires, jadis posées debout à l'entrée d'une crypte, représentent, grossièrement sculptée, au moyen du grattoir et du percuteur en silex, une vague figure humaine ; à Castelnau-Valence, une pierre à peu près de même caractère, porte vers son milieu, le dessin en demi-relief d'une boucle de ceinture munie de son ardillon. Ces premiers objets d'un art tout à fait dans l'enfance, paraissent appartenir aux commencements de l'*époque du bronze* (1). Plusieurs tombes, ouvertes sur le territoire d'Aubussargues, ont fourni quelques outils faits de ce nouveau métal.

Les Celtes, les Gaulois, bien plus tard groupés en tribus, se servirent longtemps du bronze, jusqu'aux temps historiques. Ce fut même, assure-t-on, pour certaines de ces tribus, une des causes d'infériorité vis-à-vis des armes romaines. Cependant, l'emploi du fer était dès lors en usage chez nos populations celtiques, comme en témoignent certaines sépultures de l'époque préromaine découvertes à S‑Siffret et à Campagnac, tout près de Garrigues, et si scrupuleusement décrites par M. de Saint-Venant (2).

II

Période Romaine

Les Volkes Arécomiques, tribus gauloises, occupaient le pays qui devint au moyen-âge le Bas‑Languedoc ; 120 ans avant notre ère, ils se soumirent sans résistance à la domina-

---

(1) Lombard-Dumas. *La sculpture préhistorique dans le département du Gard.* In-8° de 30 p. avec 10 fig. Nîmes, 1899.

(2) *Les derniers arécomiques, Traces de la civilisation celtique dans la région du Bas-Rhône, spécialement dans le Gard,* par M. J. de Saint-Venant. *(Extrait du Bulletin archéologique 1897).* Paris, impr. Nationale, m dccc xcviii.

tion romaine et ne prirent aucune part aux luttes si âpres que les Gaulois du centre, comme ceux de l'autre côté du Rhône, eurent à soutenir pour leur indépendance. Ils demeurèrent au contraire toujours fidèles aux romains.

Nombreuses sont les traces du long séjour qu'ont fait ici les vainqueurs des Gaules. Non pas qu'ils aient laissé dans nos villages le moindre monument remarquable tels que ceux édifiés dans la ville de Nîmes, ou simplement capable d'y rappeler leur souvenir. Mais le sol est pour ainsi dire jonché de débris où l'on reconnaît leurs habitudes, leurs usages : fragments de grands doliums et d'amphores, de poterie rouge dite de Samos, sépultures à ustion, monnaies à l'effigie de leurs empereurs se rencontrent sur tous les points de notre territoire.

CÉRAMIQUE. — Ces débris de doliums décèlent toujours l'emplacement de quelque habitation : enfoncés dans le sol, ces vases gigantesques tenaient lieu de silos à conserver les grains à l'abri de l'humidité et peut-être aussi à l'abri des pillards. Leur pâte, de couleur rouge brique, saturée de fragments de quartz ou de carbonate de chaux, les rend très facilement reconnaissables. Les gallo-romains tenaient des Celtes cette pratique qui avait pour but d'éviter les accidents de retrait pendant la cuisson de l'énorme pièce.

Les poteries à couverte rouge, dites sa-
niennes, servaient à tous les usages. Mais la
présence de leurs débris en plein champ dénote
le plus souvent une sépulture romaine,
bouleversée par la charrue.

Sépultures. — L'incinération des corps
était de coutume générale : elle remplaçait le
mode primitif de sépulture par inhumation.
Tout le monde sait que les cendres du défunt,
brûlé sur le bucher, étaient pieusement
recueillies et placées dans un vase le plus
souvent en verre, puis renfermées dans un
caisson en pierre et accompagnées d'un
mobilier funéraire composé de quelques fioles
à parfum, de poteries rouge lustré, et très
souvent d'une lampe en terre cuite ou en
bronze, qui brulait à peine quelques instants
comme emblême de la vie.

Parmi les collections d'Emilien Dumas, à
Sommières, figure une de ces belles urnes en
verre. Elle provient de Garrigues et fut donnée
par mon père au savant archéologue, vers
1837 ; chez M. Baux, d'Alais, existe encore,
soigneusement conservé dans une élégante
vitrine, l'ameublement funèbre d'une sépulture à ustion. On la découvrit au cours d'un
labour profond, dans le quartier d'Harnet, en
1849, presque en ma présence. Recouverte
d'une dalle assujettie au moyen d'une tige de
fer, une auge en pierre d'environ 35 centi-

mètres carrés contenait l'ossuaire traditionnel en verre rempli de cendres et de débris d'ossements à demi calcinés ; une patère en bronze tenait encore l'équilibre sur le couvercle de l'urne ; une petite lampe de même métal et d'un galbe très gracieux, avec plusieurs fioles à parfum entouraient les restes du mort.

Dernièrement, en janvier 1894, au lieu dit *La Garrigasse,* à 25 mètres à peu près des bords de la route d'Uzès à Nozières et au nord, environ à 200 mètres ouest des dernières maisons du village, une tranchée pratiquée dans le sol pierreux et inculte d'où l'on extrait les matériaux calcaires destinés à la réfection des routes, mit à découvert un vase en terre cuite qui, bien que protégé contre la pression des terres par un encadrement de dalles, tomba en pièces quand on essaya de le soulever. Dans ce vase tenait une urne cinéraire en verre, depuis longtemps brisée. Elle était pleine de cendres et de menus os calcinés ; au milieu, une pièce de monnaie, aussitôt perdue ; autour, plusieurs fioles à parfum ; une petite coupe en verre de huit centimètres de diamètre, haute de quatre, en parfait état de conservation ; une patère en poterie samienne marquée du sigle romain, assez commun dans notre région, OF. CAS †
(officina Casti, fabrique de Castus); enfin, une

lampe funéraire en argile rouge portant en grand relief la marque PHOETASPI (1).

Quelques jours après, un peu plus loin dans la même tranchée, les ouvriers rencontrèrent encore une urne d'argile, réduite à sa moitié inférieure, mais de dimensions assez amples puisqu'elle mesurait trente centimètres de diamètre à la panse. Trois petites fioles en verre à demi fondues par le feu du bucher s'échappèrent de ses flancs ; dans le fond rempli de cendres, deux petits pots réduits en nombreux fragments et une pièce de monnaie mal conservée. Il me fut pourtant possible d'y reconnaître l'effigie de Vespasien. Comme sa voisine, cette sépulture à ustion remontait donc à la fin du premier siècle de notre ère ou au commencement du second. Une pièce d'or de Vespasien, provenant aussi de Garrigues, avait été donnée par mon grand-père, en 1832, à son neveu Emilien Dumas, de Sommières.

Déboisement. — Il est donc évident que ce quartier de *la Garrigasse,* d'où furent exhumées les sépultures que nous venons d'inventorier, était couvert de bois à l'époque romaine. La végétation arborescente proté-

---

(1) D'après Schuermans, *sigles figulins, époque romaine.* Bruxelles 1867, — cette marque de fabrique s'est rencontrée à Mayence, à Munich et en d'autres localités allemandes.

geait alors une couche de terre assez épaisse pour recevoir et conserver, à l'abri des intempéries et de toute violation, les pieux dépôts qu'on lui confiait. Aujourd'hui, cette partie de notre territoire est entièrement dénudée : à la suite de la disparition des futaies, la terre végétale a été emportée par les eaux pluviales : il n'en reste plus trace que dans les fentes du sous-sol rocheux où croissent avec peine quelques rares et maigres graminées que les troupeaux broutent au printemps et qui sèchent en été.

On attribue généralement aux dévastations des paysans pendant la Révolution française le dépeuplement de nos anciennes forêts. C'est une erreur. J'ai rencontré dans mes archives de Garrigues la copie d'une pétition, adressée au Préfet du Gard en 1812, — c'est-à-dire à une époque encore très rapprochée de la Révolution, — qui, sans rien préciser cependant, fait remonter la disparition de nos bois à plusieurs siècles en arrière. Une des causes les plus générales du déboisement est incontestablement l'industrie des verriers, qui brûlaient tous les bois des environs pour alimenter leurs fourneaux ; ailleurs, c'étaient les forges à la catalane ; on sait aussi que Louis XIV, dans ses fureurs contre les protestants, détruisait les forêts des nobles, forcés de s'expatrier pour sauvegarder la liberté de leur conscience. Les troupeaux, venant après, faisaient le reste.

L'agriculture elle-même n'est pas étrangère à ce malheureux état de choses. Quand la population s'accrut, tout coin de terre susceptible de nourrir une céréale fut impitoyablement déboisé, puis défriché. Au nord du village de Garrigues, au quartier dit Poubouillargues, des vignes très fertiles remplacent aujourd'hui une ancienne petite forêt de chênes séculaires ; un peu plus haut, la source, qui depuis une quinzaine d'années vient alimenter notre village, porte toujours son ancien nom de *Font-dou-Bos* (Fontaine du bois), mais le bois a disparu depuis longtemps. J'ai pu admirer en mon enfance, il y a près de soixante ans, de grands chênes rouvres épars le long des terres labourables, et j'ai été le témoin attristé de leur destruction : tous ont disparu pour servir, dépecés, au boisage des mines d'Alais, ou, comme traverses, aux nouvelles voies ferrées. J'ai souvenir d'un propriétaire qui, d'un seul coup, en livra pour cinq mille francs à la hâche du bûcheron. Aucun de ces beaux arbres ne subsiste plus autour du village.

Une autre cause de déboisement, plus particulière à notre territoire, doit être également mise à l'actif de l'agriculture. Sur bien des points, la surface du sol est recouverte d'un mince banc de pierre calcaire, dépôt lacustre tout fendillé : au-dessous, git une couche de terre susceptible d'être mise en valeur. De nombreux chênes verts plus ou moins rabougris poussaient à travers les fissures de la roche. Les propriétaires de ces parcelles jadis prenaient la peine de *rompre* et d'enlever le banc de pierre stérile, pour exposer au soleil la bonne terre végétale. Les points où s'accomplit cette rude opération portent le nom local de *roumpuda*. Afin de se dédommager des frais de ce coûteux travail, le paysan construisait à portée de son chantier un four à chaux, y brûlait le bois pour la cuisson de la pierre et la vendait ensuite à l'état de chaux grasse. On voit encore quelques ruines de ces fours.

Pour en terminer avec les vestiges de l'occupation romaine, j'ajouterai que je conserve une statuette en terre cuite, malheureusement très mutilée, sans pieds ni tête, mais fort artistement drapée. Elle représente une vestale, une matrone ou une déesse. On l'a trouvée à Garrigues en 1880.

Enfin, on rencontre un peu partout dans la campagne des fragments de larges tuiles plates à rebords, que la charrue ramène à la surface. Le peuple les désigne sous le faux nom de *briques sarraʒines*. Ce sont les débris de sarcophages d'une époque où, sous l'influence des idées chrétiennes, l'inhumation directe vint définitivement remplacer l'ancien mode de sépulture à ustion, vers la fin de l'Empire romain.

III

Wisigoths et Francs

Quand les Barbares envahirent le vaste empire de Rome, les Wisigoths, ou Goths de l'ouest, rameau détaché de la race Kimrique, Suédois d'origine, après bien des péripéties s'installèrent dans nos contrées au commencement du Ve siècle.

C'étaient des hommes à type blond, de haute taille, au crâne allongé *(dolicocéphale)*. Une de leur colonie s'établit à Garrigues et campa sur l'emplacement du château actuel. Les Wisigoths en furent-ils les premiers occupants ou prirent-ils simplement possession d'une forteresse préexistante, œuvre de leurs prédécesseurs, les Romains ? — Je l'ignore : rien d'apparent dans l'enceinte primitive du château ne rappelle, même de loin, le mode de construction de ces solides bâtisseurs. C'est tout à fait par hasard que je fis la découverte des vestiges remarquables que j'attribue aux Wisigoths.

En 1893, la culture de la vigne s'étant considérablement accrue dans mon domaine, comme dans tout le midi, nécessita l'établissement d'un assez vaste cellier. Afin d'atténuer la dépense d'une telle installation, j'eus l'idée d'utiliser une ancienne construction attenante à la ferme et qu'un intervalle de deux mètres à peine sépare de l'église communale. C'est un bâtiment qui servait naguère de magnanerie.

Situé en plein nord et, de plus, adossé à la maison de ferme qui l'abrite des chauds rayons du midi, il présentait les meilleures conditions pour servir de cave, de même qu'il avait précédemment servi à l'éducation des vers-à-soie. Mais mon grand-père, qui l'avait édifié en 1812, n'ayant pas jugé à propos d'en utiliser le rez-de-chaussée, avait comblé cette partie jusqu'au premier étage. Or c'était précisément ce rez-de-chaussée qu'il me convenait d'utiliser.

Force fut donc d'extraire les 200 mètres cubes de matériaux qui remplissaient les quatre murs du futur cellier.

MUR WISIGOTH. — Pour faciliter la manœuvre, une large baie, accessible aux charrettes, fut pratiquée dans la paroi du midi. Le mur se trouva d'une épaisseur peu ordinaire, d'une extrême solidité, bâti à chaux et à sable et formé d'un appareil à petits éléments très réguliers. Ce mode de construction nous rappela certains murs de la cité de Carcassonne qui présentent le même caractère et que l'on attribue aux Wisigoths. L'assimilation semblait ici possible; une série de découvertes successives à cette première rencontre et dont nous parlerons tout à l'heure, nous la rendit certaine.

Le mur étant donc éventré, les ouvriers se trouvèrent, comme on l'avait prévu, en plein remblai. Mais ce qu'on n'avait pu prévoir, c'était la nature même de ce remblai. Sous la pioche des terrassiers apparurent bientôt, en effet, mêlés à la terre et aux pierrailles, quantité de crânes et d'ossements humains ; quelques vieilles clefs en fer, de forme archaïque et barbare ; un petit broc à vin, que la couleur jaune sale et la composition de sa couverte à base de plomb indiquent comme un produit des poteries de S*-Quintin, près d'Uzès (1), tandis que son galbe peut le faire remonter au XIII* siècle ; de nombreux débris d'un genre tout particulier de vases en terre cuite, à engobe noire, bien connus des

____

(1) Les fabricants de S*-Quintin ont conservé par tradition le vernis métallique des romains, la forme grecque de la patère pour leurs plats à omelettes, et la *roue* du potier dont parle Homère pour façonner leurs produits. A LOMBARD-DUMAS. *La céramique antique dans la vallée du Rhône. Mém. de l'Acad. de Nîmes,* 1879. Tirage à part, in-8° de 98 p. et 28 pl.

archéologues du midi, et que le peuple désigne sous le nom de *Pégau;* enfin, de grands fragments de cercueils en pierre. La provenance de pareil amas funèbre n'était pas douteuse : il était composé des déblais d'une partie de l'ancien cimetière jadis compris en entier, — ainsi que la chapelle autour de laquelle était établi celui-ci, — dans l'enceinte même du vieux château.

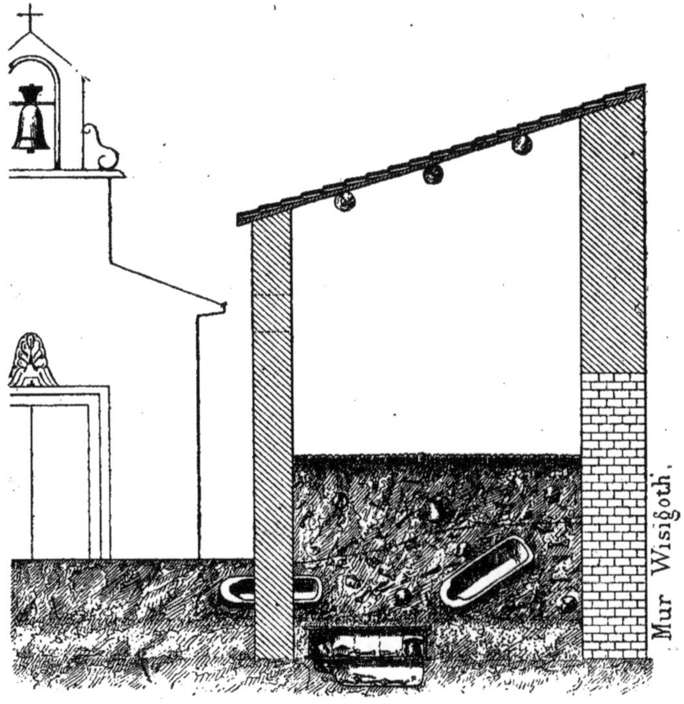

Coupe dans l'ancien Cimetière.

L'examen des crânes épars dans le terre-plein ne m'apprit rien : ils sont tous de forme arrondie *(brachycéphale)* et d'époque moderne ou tout au moins peu ancienne. Les fragments de sarcophages en pierre provenaient d'énormes tombes monolithes qu'on avait jugé meilleur de détruire que de déplacer en les respectant. Il s'en trouva même une à peu près intacte. Elle fut par mes soins transportée au Musée archéologique de Nîmes. Son poids approche de 1500 à 1600 kilogrammes, sa longueur mesure 2^{m}16 et sa largeur 70 centimètres environ. Nous en donnerons bientôt une description plus complète, avec celle des vases dits *Pégau*.

TOMBES A CAISSONS. — Quand enfin cette masse de débris de toute espèce fut enlevée, et que le terrain fut entièrement déblayé, nous atteignîmes le sol naturel. Quelle que fut son épaisseur, il était nécessaire de s'en débarrasser aussi. Heureusement, elle n'était pas considérable. Mais à peine les premiers coups de pioche donnés, les terrassiers se heurtèrent à une série de cercueils qui occupaient, au nombre de six, toute la longueur du mur moderne faisant face à la muraille Wisigothique. Ils étaient tous alignés et orientés à peu près de l'est à l'ouest, la tête faisant face au levant, aussi rapprochés que possible de l'église, et faits de dalles grossièrement juxtaposées en tous sens, formant caisson. Quatre contenaient des ossements mal conservés ; deux renfermaient en outre un très curieux vase d'argile posé aux pieds du squelette en débris.

DESCRIPTION DU PÉGAU. — Ce vase était le vrai *Pégau,* celui-là même dont nous avions rencontré plus haut de nombreux fragments. Le Pégau, bien connu des archéologues du midi, avons-nous dit déjà, doit son nom languedocien à la couleur brune de son engobe qui rappelle celle de la poix, — en patois *pègo.* Il est de forme lourde, massive, à peu près sans col, muni d'une anse large, peu ouverte, presque écrasée, et d'un vaste bec ou déversoir, surmonté d'une bague ou anneau qui fait pont au-dessus du bec et se continue autour de l'orifice. Cette dernière particularité est d'ailleurs le signe le plus caractéristique de ce genre de poterie. La hauteur du Pégau varie de dix à trente centimètres. On le rencontre exclusivement dans les sarcophages autour des plus anciennes chapelles du Gard, de Vaucluse et de l'Hérault. « Son usage remonterait au Ve siècle et se » serait prolongé jusques au XIIe (1). »

---

(1) J. DE SAINT-VENANT. *Anciens vases à bec. Etudes de géographie céramique.* 1899.

L'e grossier Pégau représentait donc ici une survivance de l'antique coutume, abandonnée depuis deux ou trois cents ans déjà : il remplaçait, dans les tombes néo-chrétiennes, les gracieuses fioles à parfum, les patères et les vases à provisions dont les Romains accompagnaient leurs ossuaires en verre ou en poterie; un peu plus tard, même, le Pégau y tint lieu du luminaire que les païens allumaient à côté de l'urne cinéraire, comme emblême de la vie.

On recueille assez fréquemment en effet, mais seulement dans les tombes un peu moins anciennes, le Pégau percé à la panse d'un trou pratiqué toujours *après* la cuisson du vase. Cette coutume nouvelle avait évidemment pour but de faciliter, par l'aération, la combustion d'un corps gras ou d'un peu d'encens posé dans le Pégau et allumé au moment de l'inhumation. — On peut voir parmi nos collections de Sommières plusieurs exemples de cette façon d'opérer sur des Pégaux de provenances diverses et sur quelques-uns de ceux rapportés de Garrigues même.

Tombes anthropoïdes. — Les fouilles continuant, nous reconnûmes avec surprise que les dalles inférieures, constituant le fond de nos caissons à *Pégau,* servaient en même temps de couvercle à d'autres tombes placées immédiatement au dessous, et dont le nombre et l'orientation se trouvaient être par conséquent les mêmes.

Ces dernières sont creusées à même le roc et de forme anthropoïde, exactement comme les sarcophages monolithes rencontrés errants parmi les déblais supérieurs. Un creux, profond de 3o à 35 centimètres, est réservé à la tête du mort ; un autre creux, large en proportion, recevait les épaules et se poursuivait en se retrécissant graduellement jusques aux pieds.

Dans aucune des six nouvelles tombes ainsi découvertes, pas le moindre mobilier funéraire, mais un squelette en assez bon état de conservation. La forme très allongée des crânes était frappante. Nous les retirâmes soigneusement tous les six au profit de l'*Ecole d'Anthropologie de Paris*.

Cette dolicocéphalie très prononcée et la situation des sépultures dans la partie la plus

inférieure du cimetière et la plus rapprochée
de la chapelle, me font attribuer aux Wisigoths
les antiques restes que nous venons de décrire·
Et voici mes raisons.

Les Wisigoths, venus de l'Orient, ont
dominé notre pays du V⁰ au VIII⁰ siècle.
Pendant ce long espace de temps, qui eut suffi
à modifier, sinon à transformer l'ancienne
population gallo-romaine, le mélange des
races ne se produisit pas, ou fut rare : le code
théodosien prononçait, on le sait, la peine de
mort contre tout romain qui épouserait une
femme barbare, et *vice versa*. Néanmoins, il
existe encore dans notre pays quelques têtes
longues ; il y reste surtout d'assez nombreuses
familles à noms patronymiques barbares
terminées en *ic* : *Brahic, Amalric, Méric,
Alberic ;* la rivière qui borne à l'est la commune
de Garrigues a donné son nom au village de
Bourdic, qu'elle traverse.

Les Goths étaient chrétiens, mais ils avaient
rapporté d'Orient l'arianisme, cette doctrine
qui réduisait le christianisme à une sorte de
philosophie et qui soumettait l'Eglise à l'Etat.
Pour cette double raison le clergé les détestait.
Les Wisigoths, du moins dans les commencements, lui rendaient haine pour haine. Le
premier de leurs empereurs, au moment de
leur établissement en Septimanie, persécuta
durant toute sa vie l'Eglise orthodoxe ; mais
la persécution ne dura pas plus longtemps

que lui : ses successeurs devinrent plus tolérants. Cette condescendance expliquerait assez bien, me semble-t-il, l'état de choses que nous venons de constater dans notre ancien cimetière : les tombes les plus anciennes, celles du type anthropoïde, creusées dans le roc remontent au temps d'Euric, — de 474 à 484, — époque de persécution violente où fut proscrite toute pratique rappelant celles du paganisme. Alors, donc, pas de mobilier funéraire autour du défunt; l'inhumation dans toute sa simplicité. Alaric II, plus tard, rétablit le culte orthodoxe avec ses nombreuses cérémonies : dès lors une poussée de superstitions religieuses, un réveil des anciennes coutumes païennes se produisit chez les chrétiens ; les vases apparaissent dans les cercueils, le *Pégau* d'abord en son intégrité, puis percé d'un petit orifice à la panse, mais toujours pratiqué après la cuisson du vase, pour faciliter la combustion d'un corps gras éclairant.

A quel peuple, à quelle race d'ailleurs attribuer cette dolicocéphalie inattendue en nos pays? — Les Celtes ne s'inhumaient point autour des lieux de culte; les Romains avaient le crâne arrondi ; les Mérovingiens et les Francs, de même origine orientale, ne firent en Septimanie que de rares incursions ; les Maures eux-mêmes n'occupèrent guère le pays que durant 25 ans à peine.....

On ne voit donc pas la possibilité d'attribuer à d'autres qu'aux Wisigoths les six crânes *allongés* de notre ancien cimetière. C'est très probablement aux Wisigoths aussi qu'il convient de faire remonter l'érection de la petite chapelle et l'établissement du cimetière qui l'environne, — l'un et l'autre compris autrefois dans l'enceinte même du château, ainsi que nous l'avons déjà constaté. — Dans la suite des temps, la petite église a été remaniée plusieurs fois, mais, sous sa forme moderne et surtout vers sa base, on retrouve encore quelque apparence d'un très ancien caractère ; le cimetière lui-même a été réduit depuis bien longtemps à la partie qui subsiste actuellement sur le devant de l'église et dont la désaffectation définitive remonte à une trentaine d'annés seulement.

Tombes des temps Carolingiens. — Pour relier cette ancienne époque à la longue période médiévale qui va suivre, nous n'avons guère à citer dans le pays que deux ou trois tombes remontant aux environs des Xᵉ ou XIᵉ siècles. Elles furent découvertes il y a quarante ans à peu près, l'une en plein champ, — elle a été détruite, — l'autre qu'on peut voir encore, creusée à la surface de ce banc de grès qui émerge dans la plaine et qu'on nomme, à Garrigues, les *Rocs de St-Chaptes,* bien que cette partie du territoire soit comprise dans les limites de notre commune. La tombe des Rocs de St-Chaptes affecte la forme d'un long parallélogramme, — l'ancienne forme anthropoïde étant depuis longtemps oubliée. Une large épée à deux mains, recueillie à côté des restes du guerrier, daterait cette sépulture du temps de Charlemagne, mais sans doute d'une époque antérieure à la tenue du Concile où le puissant empereur fit décider la suppression du vêtement et de tout mobilier funéraire dans les inhumations.

IV

Moyen-Age

Aux Wisigoths, aux Maures, avaient succédé les Francs. La Septimanie, devenue héréditaire dans la famille des comtes d'Auvergne (918), passait aux Raymond, comtes de Toulouse et de St-Gilles ; le diocèse d'Uzès, en 944 sous Louis IV, venait accroître le domaine de cette puissante maison. Par toute l'étendue du pays de France, chaque grande famille, par mariages, par achats, par le fer, par le feu se partageait le territoire, parquait les peuples, formait de petites royautés.

Les seigneurs s'attribuaient tous les droits, même celui de rendre la justice, décidant seuls du sort et de la vie des hommes qui leur étaient soumis. Ils se livraient entre eux à des guerres continuelles, armant pour les soutenir, leurs vassaux et arrière-vassaux. Ils ne laissaient au peuple que le devoir de cultiver la terre à lui baillée par son suzerain, et l'obligation de payer l'impôt, qui surgissait de toute part et sous toutes les formes.

L'anarchie était partout, le commerce gêné de mille manières, la circulation entravée par l'état détestable des chemins, par une multitude de péages qu'imposait chaque hobereau dont les sentinelles faisaient bonne garde du haut de leurs murs crénelés.

Époque d'ignorance, malgré les sages prescriptions de Charlemagne, bientôt oubliées, époque de désordres, de désolation qu'on a surnommée l'*Age de fer*.

FÉODALITÉ. — Du Xe au XIIe siècle *(Capétiens)*, sous l'influence des grands évêques, un certain ordre s'établit enfin. Chaque diocèse, soumis à un général ou *Duc* de la province, vit, au-dessus de ce chef militaire, instituer les *vicaires* ou *viguiers;* plus tard, St-Louis créa les *sénéchaussées*. Celle de Beaucaire et Nîmes et la sénéchaussée de Narbonne datent

de ce prince ; la *Justice* s'organisa. Nous
verrons en effet S'-Louis enlever au seigneur
de Garrigues la Justice Haute qui jugeait
les crimes, et ne lui laisser que la Justice
Basse, qui jugeait les délits et les affaires
civiles. Dans nos pays, au sénéchal de
Beaucaire et Nîmes seul incombait le soin de
rendre la Justice Haute comme représentant
du roi ; au même titre, il commandait à la
noblesse.

Après les ducs, comtes et vicomtes, on
distinguait encore plusieurs degrés dans la
noblesse : les *barons,* les *châtelains,* les
chevaliers. Ces derniers étaient de simples
gentilshommes. Tous les nobles, d'ailleurs,
portaient le titre de chevaliers : ils combat-
taient toujours à cheval ; les non nobles ne
servaient qu'à pied. Les châtelains étaient
les seigneurs *ayant droit de justice.*

Quant aux habitants de notre province, qui
ne portait pas encore le nom de Languedoc
et qui resta partie intégrante de la Provence
jusqu'à la fin du XIIIe siècle, ils étaient
partagés en libres et en serfs. Les citoyens ou
bourgeois des villes murées, comme Uzès,
étaient libres ; les nobles seuls avaient le droit
de posséder des fiefs *(feudum,* foi, hommage).

Les ruraux ou *vilains* étaient assujettis à la
servitude personnelle, tenus d'habiter le
domaine du seigneur, de cultiver ses terres,
de lui payer redevances ; ils ne pouvaient

marier leurs filles sans le consentement du seigneur, ni faire embrasser l'état ecclésiastique à leur fils sans la même autorisation. L'affranchissement des *serfs* n'a été décrétée qu'à la fin du XIII° siècle par Philippe-le-Bel.

Entre nobles voisins, fréquentes étaient les querelles. Ils les vidaient à main armée, assistés de leurs serfs, nous l'avons dit. La tradition de ces luttes fratricides subsiste encore dans nos campagnes. Notre sol aussi conserve de nombreuses preuves des combats meurtriers de ces tristes temps. Je me rappelle avoir vu déterrer, dans le jardin du château et avoir tenu entre les mains un crâne d'homme jeune, portant à l'occipital une fente longitudinale à section nette, profondément pénétrante, produit d'un vigoureux coup de lance qui certainement avait déterminé la mort instantanée du combattant atteint dans sa fuite. — Mon père, m'a-t-on dit, avait également vu extraire du fond de l'un des trois puits du château, le squelette d'un homme et son épée.

LE CHATEAU DE GARRIGUES. SON ÉTAT ANCIEN. — Le château de Garrigues était très fort. Il ne subsiste plus guère aujourd'hui de traces appréciables de sa puissance. Mais sa situation, sur un plateau entouré de pentes et taillé à pic du côté du levant, pouvait le

rendre redoutable. Hector Rivoire *(Statist. du dép' du Gard,* Nîmes, 1842, t. 2, p. 378). s'exprime ainsi à son sujet : « Un vieux château,
» dont la construction indique qu'à l'époque
» des guerres féodales il devait être impre-
» nable, est le seul monument qui conserve
» dans cette commune un caractère d'anti-
» quité. Les champs qui l'avoisinent et les
» puits abandonnés renferment une grande
» quantité d'ossements, ce qui indique assez
» qu'il a été le théâtre de sanglants combats.
» Ses hautes murailles entourées de larges
» fossés et hérissées de créneaux, étaient
» flanquées de quatre tours et surmontées
» d'un retranchement qui régnait aux quatre
» faces, et derrière lequel était *un chemin*
» qui conduisait d'une tour à l'autre. La
» première et la seconde entrée de ce château
» étaient défendues par un pont-levis et par
» des meurtières. Il y avait à l'intérieur tous
» les matériaux nécessaires pour soutenir un
» siège. Cet appareil de la force guerrière et
» ces marques de féodalité furent détruites
» ou mutilées en 1793. »

Comme Hector Rivoire, Germer-Durand, dans son *Dictionnaire topographique du dép' du Gard* (1868), fait aussi remonter à 1793 la ruine du château de Garrigues. Pour ma part, n'ayant jamais rencontré ni dans les papiers du château, ni dans les souvenirs ou les notes de ceux qui m'ont précédé dans la possession

de ce domaine, la moindre preuve touchant
cette assertion de nos auteurs Nimois, j'ai tout
lieu de croire qu'ils sont dans l'erreur l'un et
l'autre en attribuant à l'époque de la
Révolution le démantellement du vieux
manoir. Je pense, au contraire, que ces muti-
lations sont antérieures à 1789, et les ferais
plus volontiers remonter au moment où la
propriété de cette demeure féodale passa, de
ses anciens maîtres, les seigneurs de Gaude,
qui ne l'habitaient plus alors (1719), aux mains
de l'un de mes ancêtres, Antoine Malarte,
bourgeois de la ville d'Uzès et Viguier de
Garrigues.

Sa physionomie moderne. — Il est vrai aussi
que, vers 1830, mon grand-père J.-S. Lombard,
alors conseiller à la Cour de Nîmes, fit subir
à la vieille demeure de profondes modifications.
Pour la transformer en habitation bourgeoise
et accroître le nombre des pièces habitables
à l'intérieur, il sacrifia, du côté du Midi,
quelques pans de murs crênelés et une tour
qui défendait l'angle sud-est du château;
seule, la tour en poivrière de l'angle opposé,
celui qui regarde le village, fut conservée
ainsi qu'une partie du chemin de ronde dont
parle Rivoire et qui faisait communiquer la
poivrière avec la haute tour carrée du nord-
ouest. Celle-ci, aujourd'hui, subsiste encore

couverte de lierre, mais depuis longtemps transformée en simple colombier.

Le château en 1830.

Par deux fois encore depuis 183o, de nouveaux changements, à l'intérieur comme à l'extérieur, sont venus atténuer presque entièrement, effacer même le peu qui restait au castel de son aspect féodal et compléter sa physionomie bourgeoise (1).

---

(1) Voir vers la fin de cette monographie : *Le Temple de Garrigues.*

Origines de la Seigneurie de Garrigues.
— S'il nous est à peu près impossible, comme
on vient de le voir, de décrire l'état primitif
de l'ancienne forteresse où s'abritaient jadis
les premiers seigneurs du lieu, il ne nous est
guère plus facile d'indiquer exactement
l'origine de ses maîtres, ni de parler d'eux
avec toute certitude avant le milieu du
XIIIᵉ siècle.

C'est à peine si, antérieurement à cette date,
nous rencontrons dans les *Preuves* de l'*Histoire
du Languedoc* quelques noms se rattachant à
notre petit village : tel, en 1144, un *Bernard
de Garrigues (Bernardus de Garricis)*, qui
assiste comme témoin à l'acte de donation par
lequel le vicomte Bernard Aton concède à son
peuple la propriété des collines connues
encore sous le nom de Garrigues de Nîmes ;
— tel aussi, en 1185, *Pons de Garrigues*, qu'on
cite comme présent à la charte octroyée par
le roi d'Aragon en faveur de l'abbaye de
Franquevaux ; le même Pons et *Brémond de
Vézenobre*, en 1193, sont présents à l'hommage
que Guilhaume de Montpellier rend à
l'évêque de Maguelonne ; en 1210, *Bertrand
de Garrigues* assiste à l'hommage du seigneur
d'Alais au vicomte de Toulouse, dans le
château d'Uzès ; en avril 1228, enfin, le même
Bertrand, faisait partie des otages donnés par
Raymond VI, comte de Toulouse, au roi
Saint-Louis, en garantie de l'accomplissement

de la paix conclue entre eux, et en suite de laquelle Louis IX confisqua les biens du seigneur d'Anduze, dont le fief de Vézenobre faisait partie.

Mais ces rares et laconiques documents ne jettent aucun jour sur l'origine de notre seigneurie. Tout au plus nous permettent-ils d'entrevoir l'importance du rôle que les sires de Garrigues ont pu jouer dans la Province, et leur haute notoriété à une époque très reculée de son histoire.

La seigneurie de Garrigues existait certainement déjà sous la suzeraineté des comtes de Toulouse, ou de l'évêque d'Uzès, à la fin des Carolingiens. La faiblesse des rois de la seconde race avait favorisé la révolte des grands contre l'autorité royale ; le midi féodal vivait dans une complète indépendance des pays du nord depuis Lothaire (955), et c'est très probablement vers ces temps, restés pour nous dans une obscurité complète, qu'une foule de seigneuries, vassales de seigneurs plus puissants, se partagèrent le pouvoir.

Mais à partir du milieu du XIIIe siècle, dès l'année 1252, une série de documents authentiques vient tout-à-coup éclairer le passé de notre petit village et nous donner la suite, dès lors ininterrompue, des actes intéressant ses maîtres jusques en 1720, c'est-à-dire durant cinq cents ans.

Saint-Bertrand de Garrigues. — Avant d'entreprendre le dépouillement de ces vieilles archives, disons d'abord que le village de Garrigues peut se glorifier d'avoir donné le jour à un homme que l'Eglise a pensé devoir qualifier de *saint*.

L'année même où le Concile tenu à Toulouse en 1230 établissait dans cette capitale, pour mettre fin à l'hérésie des Albigeois, le terrible tribunal de l'Inquisition qui étendit, jusque dans le pays d'Uzège, ses perquisitions et son fanatisme, mourait, plein de mérite, dit-on, et accablé de vieillesse, un des plus fervents disciples de Saint-Dominique, le sombre fondateur de l'ordre de ces Dominicains qui allumèrent tant de bûchers dans le midi de la France et peuplèrent le ciel d'un si grand nombre de leurs saints.

D'après Bertrand Gui, dominicain lui-même et chroniqueur du XIVe siècle, *frère Bertrand* serait né à Garrigues vers la fin de la première moitié du XIIe siècle, soit vers 1145.

Compagnon habituel des nombreux voyages du maître, imbu de la même fureur religieuse et de ses sanglants exemples, il en était devenu la vivante copie. Et c'est pourquoi l'Eglise n'a point hésité à le canoniser sous le vocable de Saint-Bertrand, bien qu'il n'eût jamais goûté du martyre que le triste plaisir de l'imposer aux autres.

La fête de Saint-Bertrand de Garrigues

devrait être célébrée le 6 septembre, mais à Garrigues même le saint paraît aujourd'hui complètement oublié.

1252. — CARTULAIRE DU CHATEAU. — Revenons à nos vieux documents. Ils sont principalement composés d'un volumineux manuscrit, relié en parchemin, conservé dans la bibliothèque du château. Là, se trouvent réunis, en plus de 1,400 pages auxquelles ont travaillé plusieurs scribes et feudistes traducteurs, jusques en 1618, tous les actes intéressant la Maison qui nous occupe. Ce précieux recueil, d'une antiquité fort respectable, commence à la date du 15 août 1252, soit un peu avant le temps où la vicomté de Nîmes et le diocèse d'Uzès furent vendus à S‑Louis et incorporés au domaine royal, alors que le Languedoc, réuni à la Couronne, vit s'organiser la sénéchaussée de Beaucaire et Nîmes. — Une série de titres plus modernes nous amène ensuite jusques en 1720, époque où s'éteignit la seigneurie de notre village.

Le plus ancien des actes du vieux cartulaire remonte donc à la mort de la reine Blanche et au moment où son fils, revenu de Palestine, organise la justice en son royaume de France.

Or, c'est précisément du partage des fonctions judiciaires entre le Roi, représenté

à l'acte par le sénéchal de Beaucaire et Nîmes,
et le seigneur de Garrigues, noble *Pierre
de Vézenobre*, que traite cet antique document.
Il fut passé devant notaire dans une des salles
du château des Arênes de Nîmes. Au roy seul,
disent les conventions, appartiendra désormais la *Justice majeure*, celle où devront être
jugées les affaires criminelles pouvant entraî-
ner peine de mort ou suppression d'un
membre ; mais les autres crimes et toutes les
questions civiles seront du domaine de
Pierre de Vézenobre et de ses successeurs.

C'était là clairement établir et délimiter les
attributions respectives de chacune des deux
puissances. — Et néanmoins, on verra, trois
siècles après, s'élever entre les seigneurs et
leurs sujets, dans ce pauvre village, un conflit
qui s'éternisera durant plus de deux cents ans
à l'occasion même du partage de cette juridiction.

FAMILLE DE VÉZENOBRE. — D'où venait, qui
était ce *Pierre de Véʒenobre*, possesseur de la
seigneurie de Garrigues en 1252, à qui le roi
enlevait le droit de Haute Justice ? — Les
Vézenobre étaient depuis longtemps connus
dans le pays : les noms d'Ebrald, d'Ugon, de
Thutbald, de Pons, ceux de Bermond, de
Brémond, de Pons et de Bernard de Vézenobre
sont fréquemment cités au cours des XIe et

XII⁰ siècles parmi ceux des témoins à de nombreux actes qui traitent de certains intérêts des grandes maisons féodales d'Anduze, de Montpellier et de Melgueil. Un Raymond de Vézenobre était bailli de Montpellier en 1172.

Nous venons de voir que le seigneur de Garrigues, le dernier cité dans les *Notes* et les *Preuves* de *l'Histoire du Languedoc,* avait nom Bertrand de Garrigues, et qu'il vivait en 1228. N'est-il pas probable que ce *Bertrand* n'eut pour lui succéder que des filles, ou même qu'une fille, et que le fief de Garrigues passa dès lors par alliance à l'un des représentants de la famille Vézenobre ? Nous verrons d'ailleurs pareil fait et semblable changement de nom se reproduire bientôt et plusieurs fois encore dans la suite.

Quoiqu'il en soit, Pierre appartient à une branche de l'ancienne famille de Vézenobre; selon toute probabilité, il fut le gendre de Bertrand de Garrigues.

Pierre de Vézenobre avait deux fils, Pierre et Guilhaume, qui lui succédèrent peu après la signature de la convention passée entre le roi et lui. Un acte de 1253, les mentionnant tous les deux, les qualifie de chevaliers et de *co-seigneurs* de Garrigues. Cette possession du même fief, commune aux deux frères, est preuve certaine que ceux-ci la tenaient de leur père, allié, vers le commencement du XIII⁰ siècle, à la famille de Garrigues.

Toutefois l'indivision entre eux dura peu de temps : en 1256, la seigneurie restait à *Guilhaume de Vézenobre,* seul.

Dès l'abord, nous trouvons à l'actif des deux frères un acte de solidarité sociale très remarquable en ces temps reculés. Un accord, rédigé devant notaire en la place publique du village, le second jour des noces de juin 1253, fut passé sous forme de compromis entre tous les manants du lieu, présidés par leurs co-seigneurs. — Ce curieux document sollicite notre intérêt à divers titres. Cinquante-cinq habitants de Garrigues, tant en leurs noms personnels qu'*au nom de l'universalité et communauté du lieu,* conviennent de s'entraider dans les conditions et de la manière suivante : tout habitant de Garrigues sera tenu, envers quiconque voudra y bâtir une maison, de fournir une journée de transport des matériaux *avec sa bête de bast ou de faix,* s'il en possède une, et, s'il n'en a point, de faire manœuvre pour le même temps, sous peine de cinq sous d'amende. Présents à l'acte, nos deux seigneurs *louent, approuvent et confirment* cette convention, — dit le notaire. L'approbation ainsi donnée est certes tout à l'honneur des deux nobles frères, mais l'acte ainsi loué par eux est aussi un exemple bien rare de concorde, de bonne entente et de solidarité entre ces braves gens.

Des cinquante-cinq noms qui nous sont ainsi transmis après plus de six siècles, on n'en retrouve plus un seul aujourd'hui dans le village. Mais il n'y a guère plus de quarante ans que trois des familles comprises dans la nomenclature de 1253 avaient encore des représentants à Garrigues : les *Gravier,* les *Bouvier,* les *Plantier.* L'occasion est rare de constater la persistance aussi longue d'une famille dans la même localité : en général trois siècles suffisent au renouvellement complet de toute une population. (1).

A cette époque, notre village portait le nom de *Paroisse de Saint-Michel de Garrigues.*

1253. — DÉNOMBREMENT. — Quel était le nombre total de ses habitants au moment où l'acte de juin 1253 intervint entre eux ? — Cinquante-cinq hommes seulement y sont désignés, qui tous prennent le même engagement *pour eux* et *pour l'universalité du lieu.* Un certain nombre d'adultes étaient donc absents ce jour-là. En outre, les femmes, les enfants, ne sont pas comptés dans l'énumération susdite. Or, à elle seule, cette double

---

(1) Voir cette nomenclature à la fin du volume.

catégorie d'habitants constitue d'ordinaire plus du quart de la population. En sorte qu'il est permis de calculer, sans trop s'éloigner de la vraisemblance, que notre village, au milieu du XIIIe siècle, comprenait environ 200 âmes. — Il en compte un peu moins aujourd'hui : exactement 176, avec 79 ménages. Cependant, Germer-Durand, dans sa *Topographie du Gard,* nous dit que Garrigues, au XIVe siècle, ne comptait que *sept feux.* Si cette affirmation est exacte, il faut en conclure que la population d'alors était bien pauvre. On sait en effet que, dans les anciens dénombrements, on appelait *feu* non pas un ménage, ni une maison, mais seulement une famille jouissant, *en fonds de terre,* d'au moins dix livres tournois de revenu foncier. — Au milieu du XIVe siècle, 10 livres représentaient environ 125 francs de nos jours, et, en 1250, à peu près 150 fr. L'une et l'autre de ces deux sommes ont constitué de tout temps une bien pauvre rente.

Comment d'ailleurs en eût-il été autrement dans un pays où le commerce était nul, où l'agriculteur ne récoltait guère que de l'orge et très peu de blé, où la plupart des terres restaient en friche, où le seigneur interdisait le pâturage dans ses bois. Le peuple était surchargé d'impôts : aides, fouage, tailles, gabelle, dîmes... et lui seul les payait ! — Les

feux payaient le plus, mais les pauvres gens
possédant moins de 10 livres de revenus
fonciers étaient imposés aussi, quoique en
proportion de leur état. Les mendiants seuls
ne payaient rien. Le clergé, sous ce rapport,
et la noblesse étaient assimilés aux mendiants;
les officiers du roi étaient exempts de taille et
de fouage; les notaires également: il est vrai
que, en cas de besoin, on ne se faisait pas
faute de les imposer d'une autre manière.

1256. — LE SEIGNEUR DE GARRIGUES ACHÈTE
LE FIEF D'AUBUSSARGUES. — En 1256, des
deux co-seigneurs de Garrigues, Pierre et
Guilhaume de Vézenobre, il n'en reste plus
qu'un portant ce titre : c'est *Guilhaume*. Un
acte du neuvième jour des calendes de
novembre 1256 nous le montre achetant, du
sire de Beaumont, seigneur d'Aubussargues,
« la seigneurie de ce lieu, y compris tous les
» biens et domaines qu'il y possède : district,
» mandements d'icelui, dedans, dehors en quoi
» qu'ils consistent, cazals, maisons, édifices,
» hommes, femmes, justices, bans, lods,
» censives, seigneuries, dominations et toutes
« autres juridictions, patronnats, églises
» canoniques, fours, fouriages, moulins, fiefs,
» alleus, terres, jardins, paturages, prés, îles,
» vignes, vergers, paluns, forêts, hermes,

» pâtures, chasses, roubines, eaux et géné-
» ralement toutes autres choses cultes et
» incultes, droicts et actions que le sire de
» Beaumont possède dans le dit terroir
» d'Aubussargues, » moyennant cent livres
tournois payées comptant (environ 1,800 fr.
de nos jours). Seuls sont exceptés de cette
cession les droits que le roy doit avoir à
prétendre tous les ans sur icelle, et l'albergue
de cinq soldats ou chevaliers.

C'est ainsi que la seigneurie d'Aubussargues
passa, de la famille Beaumont, au seigneur
de Garrigues, Guilhaume de Vézenobre, qui
la transmit à ses trois enfants *Pierre, Sibylle*
et *Guilhaume*.

FAMILLE DE TOURNEL. — Sibylle de Vézenobre épousa le chevalier Astor de Tournel,
fils de Guilhaume, de Château-neuf. La noble
famille des Tournel était originaire du
Gévaudan. Une de ses branches est plusieurs
fois citée dans l'*Histoire du Languedoc* et
jusques en 1512 : Eral de Tournel, l'un des
défenseurs de Narbonne assiégée par les
Anglais, y fut blessé d'un coup de flèche, en
1355. Nous verrons plus loin que la branche
des Tournel de Garrigues s'éteignit au
commencement du XV⁰ siècle, par défaut de
mâle.

Sibylle de Vézenobre apporta en dot, avec la seigneurie de Garrigues, une partie de celle d'Aubussargues ; mais l'une et l'autre de ces terres restèrent indivises durant quelques années encore entre Sibylle et ses deux frères. Il y eut même, au sujet de cette indivision et pendant près de dix ans, plusieurs procès. Le 5ᵉ jour des ides de mars 1304, une transaction entre les survivants des co-seigneurs vint trancher toutes les difficultés : Pierre de Vézenobre consentit à laisser la jouissance de la seigneurie de Garrigues à sa sœur et fit donation à son neveu, Astor de Tournel, deuxième du nom, de tous ses biens présents et à venir ; tandis que, en échange, le mari de Sibylle cédait à son frère Pierre la jouissance de la part lui revenant sur le territoire d'Aubussargues.

Sur ce fief encore indivis, Astor de Tournel, par sa femme Sibylle, possédait d'assez nombreuses propriétés. Certain qu'elles reviendraient un jour, comme celles de Garrigues, à son fils Astor II, il en augmentait le nombre par l'acquisition des biens roturiers. En l'année 1292 et le 2 septembre, il avait acheté un devois avec ses baux, herbages, chasses, etc..., situé dans la paroisse de Sᵗ-Pierre d'Aubussargues, confrontant, dit l'acte d'achat, *la Combe et le vallat ou riasse de Font boulhente*. Ce quartier, de nos jours encore appelé *Massargues,* est boisé sur une assez vaste étendue et entrecoupé de clairières et de bruyères ; il était jadis très giboyeux ; le grand-père d'un de mes contemporains disait y avoir vu des sangliers. Un ruisseau le parcourt à peu près en son milieu, qui doit son origine à l'écoulement des eaux pluviales. Celles-ci, pénétrant la couche peu épaisse d'un terrain ferrugineux, acquièrent dans leur trajet une certaine qualité minérale qui, dans le temps, leur avait valu une petite réputation curative. Quelques malades en usaient. Mais ce renom, faiblement mérité, depuis longtemps est perdu. Cependant, il y a quelque cinquante ans, j'en ai encore ouï parler dans le pays. Quant à ce nom de *Font boulhente*, il vient probablement des bouillons de la source à son issue de terre ; mais, moins abondante aujourd'hui, la font ne bouillonne plus.

Le moulin sur la rivière de Bourdic s'appelle toujours le *Moulin d'Aubussargues*. Il faisait partie, avec les vignes, les prés et les terres qui l'entourent, du domaine d'Astor de Tournel, et resta longtemps propriété des seigneurs de Garrigues.

Astor était un riche seigneur et possédait aussi de riches et fidèles amis : tel Raymond Gaucelin, seigneur en partie d'Uzès, qui, par son testament du 3o juin 1316, lui lègue à titre de compagnon d'armes *(Socius)* cent livres

et son grand cheval, en souvenir sans doute
de leurs campagnes contre les Espagnols sous
Philippe le Hardi ; mais le plus bel apanage
d'Astor était constitué par les biens qu'il
possédait à Calvisson, dans la Vaunage, à
Marsillargues et surtout à Vergèze, où Sibylle
et lui faisaient le plus souvent leur demeure.

1304.— HOMMAGE DE FÉODALITÉ RENDU A GUI-
LHAUME DE NOGARET. — A Vergèze, ils n'étaient
plus suzerains mais simples vassaux. Et ce fut
en cette qualité qu'Astor de Tournel dut rendre
hommage, prêter serment et passer recon-
naissance féodale au célèbre Guilhaume de
Nogaret, quand, le lundi après la fête de la
Magdeleine 1304, furent publiées, au nom du
roi Philippe-le-Bel, les lettres patentes
portant concession à son amé et fidèle soldat,
— le dit Guilhaume de Nogaret, — du château
de Calvisson et des terres en dépendant, en
représentation d'une rente de cinq cents livres
(8 à 9000 francs de nos jours) qu'il promettait
lui assurer (1).

Plus tard, en 1325, Astor de Tournel eût
encore à rendre hommage au fils aîné de
Guilhaume de Nogaret, le sire Raymond, qui

---

(1) Guilhaume de Nogaret reçut en même temps la seigneurie
de plusieurs autres domaines, celui de Jonquières, entre autres.
Il mourut en avril 1313, laissant deux fils : l'aîné, Raymond, qui
fut seigneur de Calvisson et de Marsillargues, et le second,
seigneur de Manduel.

succédait à son père dans la seigneurie de Calvisson et Marsillargues. Il le fit, dit notre cartulaire, « en donnant un baiser au seigneur » de Calvisson tenant entre ses mains les » mains du dit de Tournel jointes suivant la » coutume du lieu. »

1317.— MARIAGE DE SIBYLLE DE TOURNEL.— Astor était sur le point de vendre la Juridiction haute et basse d'Aubussargues, et les consuls de ce lieu faisaient déjà promesse au Procureur du roi d'acheter ce droit au nom du roi lui-même, lorsque, en février 1317, eut lieu le mariage de Sibylle de Tournel, fille d'Astor, avec son parent Bertrand de Sollier *(Bertrandus de Solerio)*. Bertrand était fils du damoiseau Guilhaume de Sollier, fils lui-même ou petit-fils d'un Vézenobre, — Pierre ou Guilhaume — de qui il tenait la co-seigneurie d'Aubussargues.

L'occasion était propice pour réunir sur une même tête les deux tronçons de ce domaine encore indivis. Astor de Tournel constitua donc la dot de sa fille au moyen de tous les biens qu'il possédait à Aubussargues, sauf le moulin et ses dépendances, qu'il se réserva, tandis que Sibylle de Vézenobre, sa femme, faisait donation à la future de deux parcelles de terre qu'elle possédait au terroir de Garrigues.

Au reste, le sire Bertrand de Sollier était un lettré : les actes de notre cartulaire le qualifient de *savant en droit ;* son beau-père le fit *juge en la Cour du village de Garrigues.* C'est à ce double titre que Bertrand de Sollier eut à rendre plusieurs services juridiques à Astor de Tournel et régla certaines difficultés qui s'élevaient parfois entre ses vassaux et lui.

Dans la suite, quelque refroidissement dut se produire entre les deux familles Vézenobre et Sollier. On y mit fin par un accord scellé devant notaire le jour des calendes de décembre 1366 : Bertrand de Sollier, seigneur de Ners, et le chevalier Pierre de Vézenobre, *savant en droit* aussi, « voulant et désirant, à
» l'honneur de Dieu et de la Cour céleste,
» reformer leur amour paternel et ancien et
» renouveler leur amitié et aussi la confir-
» mer », projettent de marier l'un des fils Vézenobre à l'une des filles du seigneur de Ners. Et pour favoriser cette union, Guilhaume de Vézenobre, fils du Guilhaume précédent, fait don de ses biens à celui de ses arrière-neveux qui épousera une des Sollier. — Nous ne savons si ce louable projet fut mis à exécution, — il ne touche d'ailleurs que fort indirectement à notre sujet.

1345. — Reconnaissances féodales au profit du Roi. — Nous avons eu déjà l'occasion de faire pressentir certains dissentiments graves qui éclateraient un jour entre les seigneurs de Garrigues et l'autorité royale au sujet de l'exercice du droit de Haute Justice. Ce droit incontestablement appartenait au roi depuis 1252. A l'époque où nous sommes de notre histoire, 1350, consuls et manants le reconnaissaient, les seigneurs n'en disaient rien encore. L'accord était parfait ; personne ne protestait même contre la directe seigneurie que possédait le roi sur certaines parcelles du territoire. Le 24 octobre 1345, tous d'un commun accord, manants, consuls et seigneur reconnaissaient la main du roi et s'engageaient, les uns après les autres et par devant notaire, à continuer de payer au Trésor royal les cencives que chacun lui devait. Elles pesaient principalement sur des parcelles situées à la Coste d'Aubussargues, dans la garrigue et au quartier de Camproux. — Le moulin d'Aubussargues, bien que propriété du seigneur, se mouvait aussi de la directe du roi et lui servait tous les ans « la censive » d'une géline grasse, payable et portable le » jour et fête de la Nativité » chez le procureur du roy ou son représentant à Uzès,

Les usurpations du pouvoir sur la Justice Haute ne commencèrent que plus tard.

1375. ASTOR II. — Astor de Tournel, 1ᵉʳ du nom, mourut vers 1375 ; son fils Astor II lui succédait. Cité à comparaître en 1377 devant le sénéchal de Beaucaire et Nîmes pour avoir à payer au roi, sous peine de saisie de ses biens, « un cartier de cheval d'armes », comme les autres chevaliers, Astor protesta contre cette obligation. Il soutint que pareille convention passée entre son père et l'autorité royale n'avait jamais été signée de lui, Astor, et que Sibylle de Vézenobre, sa mère, étant encore vivante, lui, son fils, ne devait rien au roi. Le sénéchal lui donna raison, et le roi, qui bataillait alors contre les Anglais avec Duguesclin, dut se passer du « cartier de » cheval d'armes » que lui avait fourni jusque-là le seigneur de Garrigues.

Cet Astor de Tournel, dit *le Marin*, nous ne savons pour quelle cause, était marié à *Bérangère,* fille de Béranger, seigneur de La Calmette. Il en eut deux enfants : Louis et Marguerite. Les dates de son mariage et de la naissance de ses enfants nous sont inconnues. Il mourut peu avant 1405.

Astor de Tournel avait augmenté son domaine par l'acquisition, faite en janvier 1387 « à » demoiselle Plancie, fille de Guiraud Plancie, » de Beaucaire, ci-devant avocat et docteur » ès-lois, citoyen et habitant d'Avignon, » d'une *font* à elle appartenant, franche et » libre, confrontant les paluns ou prés du lieu » de Garrigues, pour le prix de 4 florins d'or » valant 24 sous chacun de la monnaie

» courante à Avignon ». — C'est la source dite encore *Font des Prés;* elle a donné son nom au quartier d'où elle sourd et que traverse un petit ruisseau, aujourd'hui sans eau durant les deux tiers de l'année, comme aussi sans *paluns* ni prairies.

Louis de Tournel, fils d'Astor II, qualifié seigneur de Garrigues dans un acte de 1409, mourut sans postérité.

Marguerite, sa sœur, lui fut substituée dans la succession paternelle. En 1420, elle était mariée au chevalier *François de Fabrègue,* originaire de Frontignan, diocèse de Maguelone.

FAMILLE DE FABRÈGUE. — Cette famille était fort ancienne : Un Guilhaume de Fabrègue avait pris la croix en 1095 et suivi Raymond de St-Gilles en Terre-Sainte avec plusieurs gentilshommes de son diocèse et Guilhaume de Sabran, seigneur d'Uzès. On cite un Pons de Fabrègue parmi les témoins à l'hommage que Guilhaume, seigneur de Montpellier, rendit en 1190 à Raymond, comte de Melgueil; en 1197, une femme de la maison de Fabrègue et son mari Bertrand de Montlaur *(de Montelauro)* dotaient l'hôpital de Montpellier de tous leurs droits sur une maison, son jardin et son puits ; enfin, leur fils Bertrand de Montlaur assistait, en 1236, à l'hommage fait par le roi d'Aragon à Jean de Montlaur, évêque de Maguelonne, pour la seigneurie de Montpellier.

Celle de Garrigues ne resta pas longtemps aux mains des Fabrègues : nul héritier mâle pour la recueillir. Et c'est ainsi que nous allons voir cette terre arriver de fille en fille, mais pour près de 200 ans cette fois, en la possession de la famille *de Gaude* en qui elle s'éteignit pour la même cause et finit par tomber en rôture (1719).

1370. — LE FORT DE GARRIGUES. — La France, — après le funeste traité de Brétigny et la cession de plusieurs de ses provinces de l'ouest à l'Angleterre, — du nord au midi s'organisait pour la défense ou la revanche contre ses insolents vainqueurs. En l'année 1370, le roi Charles V édifiait à Paris la célèbre forteresse de la Bastille. Mus par les mêmes inquiétudes ou obéissant à des ordres formels, toutes les villes et les moindres villages se prémunissaient également contre toute éventualité.

Tant pour obéir au roi que pour se garantir des routiers, les consuls de Garrigues décidèrent la construction d'un fort qui protégerait l'entrée du village dans sa partie la plus accessible, c'est-à-dire au midi de ses murs faisant face à la grande route d'Anduze à Uzès. Là se trouvait une porte qui méritait en effet protection : ouvrant sur la *rue Droite* (la rue principale), elle était trop éloignée du château pour en être promptement secourue.

Le 2 mars 1372, les consuls acquirent donc, au prix de 10 florins d'or, une maison avec cour où ils édifièrent ce surcroît de défense. La maison claustrale, où demeurait le Prieur, était située derrière le nouveau fort; il paraîtrait même qu'une chapelle aurait existé de ce côté.

Sa restauration en 1411. — Le fort était déjà bâti depuis une quarantaine d'années quand, le 20 janvier 1411, parvint au viguier d'Uzès ordre du roi Charles VI d'inspecter châteaux et forteresses de sa viguerie. Les Anglais, profitant des troubles qui agitaient la France depuis la mort de Duguesclin, reprenaient une à une les conquêtes que leur avait reprises le hardi Connétable. Le Languedoc était menacé. L'ordre royal exigeait la démolition de toute forteresse jugée intenable, la restauration et la mise en défense de celles capables de résister.

Le viguier d'Uzès jugea le château de Garrigues assez fort pour la résistance, mais l'état de la petite redoule ne lui paraissant pas offrir assez de solidité, il ordonna d'en restaurer et exhausser les murs. La dépense d'un tel travail effraya les consuls. Sous prétexte que le prieur seul avait charge de pareil soin, ils refusèrent de l'entreprendre. Une transaction intervint. Elle obligea le prieur « à faire une bonne muraille de 3 pans » de largeur ; de la hausser à l'égal des autres » murailles du fort ; de la créneler et d'établir » en son milieu une tourelle à chaux et à » sable ; mais les maçons et les manœuvres » seront payés par les consuls, ainsi que » l'achat des pierres. »

Ce prieur, qui se tirait à si bon compte d'une grosse opération à laquelle il était un des premiers intéressés, avait nom André Gilly.

Le fort n'existe plus aujourd'hui, nous ignorons même l'époque de sa disparition : mais la maison claustrale subsiste encore. Bien qu'elle n'ait rien conservé de son antique caractère religieux ni de son appareil guerrier, elle est toujours désignée dans le pays sous son ancien nom de *la Clastre*. — Nous aurons l'occasion d'en reparler plus loin.

Le seigneur François de Fabrègue et sa femme, Marguerite de Tournel, habitaient Frontignan de préférence à Garrigues. Ils eurent deux enfants : Bonifice et Dominique.

1432. — Famille de Cruviers. — Bonifice de Fabrègue épousa, vers 1432, noble *Jean de Cruviers*. Elle reçut en dot la seigneurie de Garrigues sur laquelle avait droit aussi son frère Dominique. Mais Dominique, dit un acte du 8 mai 1442, « mu par les sentiments » d'amitié qu'il porte à son beau-frère et à sa » sœur, leur fait cession de tout ce qu'il avait » à prétendre sur le château de Garrigues et » ses dépendances. »

Entre le nouveau seigneur et les consuls s'éleva bientôt un conflit d'autorité. Un accord survenu le 2 avril 1445 y mit fin. Les officiers de Jean de Cruviers avaient, paraît-il, usurpé certains droits de proclamations et de prescriptions contenant, « contre le devoir et » raison, défenses inusitées et préjudiciables » à la communauté. » Les choses furent remises au point dans un acte rédigé par deux arbitres : vénérable homme Jean de Valz, *bachelier en droit*, pour le seigneur, et Jean Gaillard, aussi bachelier en droit, pour les Consuls. Voici le texte même des publications que le seigneur aurait le droit de faire à l'avenir. Nous le donnons en son intégrité, malgré sa longueur, parce que ses prescriptions concernent surtout la moralité, la salubrité et l'ordre publics.

1445. Coutumes de Garrigues. — *Premiè-rement, que aulcune personne de quelque degré,* estat, condition et préhéminence qu'elle soit nose malicieusement renier, blasphémer et offenser Dieu et la Vierge Marie sa mère, sous la peine de dix sous tz (tournois) pour la première fois, applicables audit seigneur de Garrigues ou bien à sa cour, et pour la seconde de double peine et pour la troisième souls la peine de demeurer arrepté dans le château du seigneur pour une heure.

Que aulcune personne nose de voie de faict entreprendre sur l'autre à peine de dix solz et autrement selon l'exigence des cas.

Que aulcune personne nose porter armes prohibées sinon en passant et repassant à d'autres lieux et en cas de nécessité à peine de la perte desd. armes.

Que aulcune personne nose porter de fen (transporter du fumier) par le terroir dud. lieu de Garrigues depuis le commencement du mois de juin jusques au commencement du mois d'août à peine de dix sols.

Que aulcune personne nose escouber ou ballier (balayer) dans ledit lieu de Garrigues en la carrière droite, celle pour laquelle est donné censive aud. seigneur, à peine de 5 solz.

Que aulcune personne nose faire chemin nouveau dans les possessions de l'autre contre la volonté de celuy à qui lesdites possessions appartiennent à peine de 5 solz tz, en cas que celuy à qui appartiendra la pièce en fasse plaincte en la cour dud. lieu.

Que aulcune personne nose abattre les murail-
hes ny les cloysons de l'autre sauft en cas de
nécessité à peyne de dix solz.

Que aulcune personne nose mesurer avec
aulcunes mesures qui ne soient marquées des
armes et armoyries dud. seigneur de Garrigues
lesquelles led. seigneur et ses successeurs seront
tenus faire apposer dans deux jours après qu'ils
en auront été requis sans aucung frais, autrement sera permis auxd. consuls et habitants
après lesd. deux jours passés mesurer avec lesd.
mesures sans que les armes et armoyries du
seigneur y soient apposées, autrement lesd. consuls et habitants encourriroient la peine de cinq
solz tz.

Que auculne personne nose faire appeler en
justice aucung habitant dud. lieu hors la cour
ordinaire dud. seigneur, sauf aux cas prévus de
droict et ce souls peine de cinq solz tz.

Que aucung vallet ou serviteur quy sera loué
avec quelque habitant dud. lieu de Garrigues
nose quitter son mestre sans la volonté ou licence
de lad. cour et que aulcung mestre nose donner
congé à son vallet ou serviteur devant la fin de
son terme sans la volonté dud. vallet ou serviteur
ou licence de lad. cour, à peyne de cinquante
solz tz.

Que aulcune personne nose jouer argent dans
le lieu de Garrigues ny dans le territoire dudit
lieu de jour ny de nuict à peine de perdre l'argent quy se treuvera sur le jeu.

Que aulcune personne nose tenir des chèvres dans led. terroir de Garrigues et au lieu et aux terres où il y aura d'oliviers à peine de cinq solz et que le terroir soit limité par les consuls.

Que aulcune personne nose porter ny cueillir les fruits estants et pendants en la forest dud. seigneur de Garrigues à peine de cinq sols le jour et au double de nuict.

Que aulcune personne nose faire ni donner dommage aud. seigneur de Garrigues avec son bestail en ses vignes, bleds et arbres sciamment et frauduleusement à peyne de cinq solz tz et où celui à quy appartiendra led. bestail ne sera en coulpe il en sera quitte et déchargé en payant le seul ban.

Que chacune des partyes paiera ses dépens faitz ou que ce soit à occasion de ce dessus.

Que chacune des partyes paye aud. Jean Gail-hard et Jean de Valz, arbitres et à chacung dy ceulx une livre tz pour le travail par eux employé par plusieurs et diverses fois pour accorder les partyes.

Que moyennant ce dessus soit paix entre lesd. partyes.

Nous ne savons si la paix attendue de cet accord aurait duré longtemps, Jean de Cruviers étant mort peu après. Il laissait deux fils :

Touron de Cruviers, qui mourut à peine

majeur et fut enseveli dans l'église de Vergèze ;

Et *Louis de Cruviers*, qui avait embrassé
l'état ecclésiastique. Nous le retrouverons
chanoine de Maguelonne.

Leur mère se remaria en 1456, ou au
commencement de l'année 1457, avec noble
Pierre Parant, dont nous n'avons pu découvrir
l'origine. Elle n'eut pas d'enfants de ce second
mariage ; elle devait alors approcher de la
cinquantaine.

Comme son prédécesseur. le nouveau
seigneur, Pierre Parant eut bientôt maille à
partir avec les manants, ses vassaux : il
prétendait à la possession sous sa directe
seigneurie de toutes les terres hermes de
son territoire et au droit de les bailler en
emphytéose à qui bon lui semblerait. Les
consuls lui contestaient ce droit. Ils furent
cités à comparaître devant le sénéchal de
Nîmes. Mais le procès n'eut pas lieu : encore
une fois on nomma des arbitres. Les consuls
démontrèrent, avec preuves à l'appui, que de
tout temps « les hermes ont été vaine pâture
» pour l'usage et la liberté de la communauté
» et des pauvres ». Les titres opposés par
Pierre Parant ne parurent pas concluants, et
l'on transigea : « les habitants pourront
défricher les hermes qu'ils voudront, mais
rien que dans le seul quartier dit de *Bellaud*

ou *las partidas del Castel*, et les cultiver à leur gré, mais ils seront tenus d'en faire la déclaration au seigneur, en passer acte et lui payer, d'abord comme droit d'entrée, *une géline* (une poule) *bonne et compétente,* puis la censive annuelle d'une carte de blé cousegal ou mitadenc (1), par contenance d'une salmée de semence ; le seigneur ne pourra les leur ôter sans en avoir fait au préalable publication à l'église, et *vice versa.* — Chacune des parties, dit cette transaction passée devant notaire *en la place publique joignant l'orme planté en icelle,* paiera ses experts, et « dès » lors en avant sera paix et tranquillité entre » elles. »

Noble dame Bonifice de Fabrègue signa, le 7 avril 1458, la susdite transaction consentie par son mari, et la rectifia en sa demeure de Vergèze où elle vivait avec sa mère Marguerite de Tournel.

Pierre Parant avait pris rapidement une grande influence sur ces deux femmes : on le voit en effet, un an, ou deux tout au plus, après son mariage, déclarer que Bonifice de Fabrègue et Marguerite de Tournel, sa mère, lui ont fait donation du château de Garrigues et de tous les droits afférents à cette seigneurie : lods, censives, etc., ainsi que de

---

(1) *Cousegal,* blé mélangé d'une moitié de seigle, *cum secale ;* *Mitadenc,* moitié froment, moitié seigle.

toutes leurs possessions sur les territoires de Bourdic, Vergèze, Codognan et Aimargues, sauf et réserve au roi de la directe sur certains de ces immeubles et sur le moulin d'Aubussargues.

J'ignore si pareille donation, très suspecte semble-t-il, fut acceptée sans protestation par le fils de la veuve Cruviers, Louis, chanoine de Maguelone, ou si elle fut révoquée peu après. Toujours est-il que nul compte n'en fut tenu dans les actes qui la suivirent.

On se rappelle que Bonifice de Fabrègue avait un frère à Frontignan, qui lui avait gracieusement abandonné sa part d'héritage sur le fief de Garrigues. Ce frère, Dominique de Fabrègue, eut une fille, Antoinette ; elle se maria avec le sire *Fourton de Cassagnes*, originaire de St-Gilles (1). De ce mariage était née Jeanne de Cassagnes, petite-nièce par conséquent de Bonifice de Fabrègue et cousine, ou nièce à la mode de Bretagne, de Louis de Cruviers.

Antoinette de Fabrègue était déjà veuve de Fourton de Cassagnes et même de Jean Bellet, notaire à Aiguesmortes, quand *Jeanne*

---

(1) Cassagnes est le nom d'une ferme dépendant encore de la commune de St-Gilles.

de Cassagnes, épousa noble *Jean de Gaude,* le 9 mai 1462.

1462. — FAMILLE DE GAUDE. — Les Gaude étaient originaires d'Aubenas. Jean de Gaude habitait le lieu de Fourques, situé entre Arles et St-Gilles. L'acte de mariage des jeunes voisins dit, en une formule par trop vague mais remarquablement discrète et polie, que la future épouse était *alors âgée de moins de 25 ans et excédait l'âge de 14.* Les témoins furent, pour Jean de Gaude, son père Pierre et son oncle Claude, bachelier en l'un et l'autre droits et procureur du roi en la sénéchaussée de Nîmes; pour la future, sa mère Antoinette de Fabrègue, veuve de Fourton de Cassagnes et de Jean Bellet, une tante Gilette de Cazes qui habitait St-Gilles, et le mari de sa grand'tante Bonifice de Fabrègue, le sieur Pierre Parant se disant toujours seigneur de Garrigues.

Dans ce contrat, Jeanne de Cassagnes se constitue en dot tous ses biens présents et à venir; sa tante, Gilette de Cazes, lui donne 200 livres tz; sa mère, 30. Le futur reçoit de son père 200 livres tz également.

1466. — Deux ans après le mariage, le chanoine de Maguelonne, Louis de Cruviers, déclare que, en raison de sa grande affection pour sa cousine et des bons offices qu'il reçoit chaque jour des jeunes époux, il leur fait don de tous ses biens où qu'ils soient situés : à Garrigues, à Vergèze, à Codognan, comme à Aimargues ; mais il en réserve la jouissance à Bonifice de Fabrègue, sa mère, et garde pour lui 6o florins qui lui seront payés par 10 chaque année. Le surlendemain, par acte notarié passé à Garrigues même « en la maison » au-dessous du château », Louis de Cruviers ajoute à cette donation la *Juridiction* HAUTE, *moyenne et basse* de la seigneurie de Garrigues ; il en investit ses jeunes cousins par « l'entrée » de la maison et château », avec pouvoir et puissance d'en disposer.

Mais le bon Louis de Cruviers avait sans doute oublié, ou n'avait peut-être jamais su que la Justice HAUTE ne lui appartenait point, puisque le roi seul était en possession de ce droit depuis l'an 1252. — De cette fâcheuse ignorance naîtront entre la représentation royale, les consuls de Garrigues et les seigneurs du lieu, les graves conflits que nous avons déjà prévus et qui dureront deux cents ans.

1472. — Malgré cette donation, suivie de si près de son investiture, six années passent sans que rien semble changé encore dans l'administration de la seigneurie de Garrigues. Mais, le 14 janvier 1472, le chanoine de Maguelonne se décide enfin à convoquer les principaux habitants devant l'église, et là, en présence des consuls, il déclare solennellement à tous que, « se considérant aujourd'hui » comme personne morte », incapable de vaquer à leur gouvernement, il va se retirer à Maguelonne pour y prier Dieu jusqu'à la fin de ses jours. En conséquence, dit-il, il fait remise de tous ses droits à Jean de Gaude et, par lui, à Jeanne de Cassagnes, et commande à ses vassaux obéissance aux nouveaux seigneurs « comme ils avaient coutume d'obéir » à lui et à la demoiselle sa mère. » — Tous aussitôt jurent fidélité.

Testament de Bonifice de Fabrègue. — Peu après la retraite définitive de son fils Louis de Cruviers, Bonifice de Fabrègue, grand'tante de Jeanne de Cassagnes, s'éteignait à Vergèze. Par un curieux testament daté du 11 août 1472, elle recommande au curé et à son vicaire de l'ensevelir auprès de son fils Touron de Cruviers dans l'église même de Vergèze et, si on lui refuse cette faveur. elle veut que son corps soit porté en l'église de Garrigues et mis au tombeau (1) des seigneurs

---

(1) Il n'en reste plus trace apparente aujourd'hui.

de ce lieu. — Jeanne de Cassagnes déclare
en outre « prendre de ses biens, pour la
» rédemption de son âme et celle de ses
» parents, 3o florins qu'elle veut être dis-
» tribués : premièrement pour ses funérailles
» 3o sols, et le jour de sa sépulture pour douze
» prêtres 15 deniers en argent à chacun ; aux
» douze prêtres de la neuvaine 15 deniers à
» chacun ; et aux douze prêtres de la fin de
» l'an 15 deniers tournois à chacun ; au
» vicaire de lad. église 5 sols ; au clerc d'icelle
» 2 sols ; au bassin de Notre-Dame de Vergèze
» 5 sols ; au bassin des âmes du purgatoire
» 5 sols ; à l'ouvrage et fabrique de lad. église
» 1 livre tournois ; à la confrérie de Frontignan
» ce qu'elle a coutume de lui laisser pour sa
» part ; à la confrérie de Sᵗ-Eustache de
» Vergèze 3 livres tournois, et veut que du
» restant des 3o florins soit fait un coffret
» d'argent en ladite église de Vergèze pour
» porter le corps de J.-C. » — Suivent
quelques autres dons à ses serviteurs, à ses
filleuls, à son fils Louis de Cruviers ; quant
au reste de ses biens, elle en fait don à
Jeanne de Cassagnes.

1478. — Le Roi réclame la suzeraineté
du Fort. — On se rappelle avoir vu sous
Charles VI, au temps où la France envahie
par les Anglais se sentait menacée dans ses

provinces du Midi, armer pour la résistance contre l'envahisseur villes, forteresses et châteaux ; on a vu à cette époque le viguier d'Uzès se transporter à Garrigues pour y inspecter l'état de sa petite forteresse et, l'ayant trouvée insuffisante, exiger du prieur et des consuls une restauration sérieuse (1411). — Le danger évité, l'Anglais repoussé par Jeanne d'Arc à la tête des armées de Charles VII, la sécurité renaquit. Insensiblement, le fort de Garrigues, devenu inutile à la défense, se transforma en abri pour les pauvres. Une vingtaine de malheureux y trouvaient un gîte ; chacun s'y était organisé un petit coin, et nulle autorité locale n'y voyait abus.

Mais Louis XI, qui abattait les grands et pressurait le peuple, ne pouvait tolérer l'usurpation de la moindre parcelle de propriété royale. Sous la raison que le fort de Garrigues avait été bâti « par congé et per- » mission du roi », le viguier d'Uzès s'en vint un beau jour déclarer ce bâtiment partie du *Domaine,* et, sous peine d'expulsion, exiger, de tous les pauvres gens qui l'habitaient, paiement des lods et charges envers le suzerain. Puis, en signe de son autorité « il » mit au portail du dit fort les armes du roi, » sans vouloir ouïr les consuls » (1478).

Ceux-ci protestèrent au nom de la justice et des pauvres, en appelèrent au sénéchal, lui démontrèrent que, si le fort était propriété royale, les loges n'avaient point été reconnues sous la directe du roi ; ils résistèrent longtemps aux exigences du viguier et, finalement, obtinrent du sénéchal la « levée de la main » du roi ».

Le seigneur de Garrigues, Jean de Gaude, ne paraît pas s'être mêlé de ce conflit, n'ayant guère cessé d'habiter St-Gilles où Jeanne de Cassagnes, sa femme, possédait de grands biens sous la suzeraineté des abbés de St-Gilles.

Entre temps, Pierre de Gaude, après le mariage de son fils Jean, et la mort de sa fille Catherine, s'était remarié avec Esclarmonde Delpuech, d'Anduze, fille de Pierre Delpuech, seigneur de Montmoirac et Caissargues, et de Jacomette d'Aleyrac. De ce second mariage naquirent plusieurs enfants desquels Jean fut nommé tuteur quand mourut leur père, en février 1484.

1488. — Mort de Jean de Gaude. — Jean de Gaude mourut peu après, laissant à sa veuve la tutelle de ses trois enfants, Guilhaume et deux filles, et la charge très lourde d'administrer ses nombreux domaines.

1494. — Vente par Charles VIII de la
Justice Haute. — Ce fut sous la gérance de
Jeanne de Cassagnes que Charles VIII,
entraîné par la manie des conquêtes et se
préparant à envahir l'Italie, eut l'idée, pour
se procurer un trésor de guerre, de mettre en
vente le domaine royal et la *Justice Haute,*
sur les divers points du territoire où cette
juridiction incombait au roi. — Jeanne de
Cassagnes ne fit entendre aucune protestation
quand fut proclamée la mise en vente du
droit de Haute Justice sur la communauté de
Garrigues. Ce droit fut adjugé au damoiseau
Jean Maurice, garde des archives du roi à
Nîmes et co-seigneur de Gallargues. Il le
paya de la modique rente annuelle et perpé-
tuelle de dix sols tournois et de cinquante
livres de monnaie courante payables quand
le débiteur en serait requis.

Jeanne de Cassagnes venait donc ainsi de
laisser passer une belle occasion de réunir
sur la même tête les deux juridictions haute
et basse. Cette acquisition eût évité à ses
descendants de longs et coûteux procès.

L'investiture de la Justice Haute se fit à
Garrigues en la personne de l'un des deux
consuls qui promit au nouveau suzerain
l'obéissance de tous les habitants, sous peine
de 5o marcs d'argent. Un juge et un bailli
furent aussitôt nommés (novembre 1494).

Mais tout cela ne changea que fort peu de

chose à l'ancienne marche des affaires. Dans ce paisible village, rares devaient être les cas où Justice Haute devait intervenir. D'ailleurs, Jean Maurice négligea fort l'usage de sa directe seigneurie et l'on vit peu à peu les agents de la veuve Jean de Gaude reprendre leur ancienne allure sans préoccupation de l'autorité royale. Et il en fut ainsi longtemps encore, jusqu'au moment où les abus, les vexations, les tracasseries de certains des successeurs de Jeanne de Cassagnes obligèrent les consuls à réclamer le retour à l'ancien régime, et à soutenir devant les tribunaux d'interminables discussions à ce sujet,

Entre les années 1495 et 1500, — nous ne savons au juste, — Jeanne de Cassagnes avait marié l'une de ses filles, Marguerite de Gaude, à Claude de Moranges, originaire de Villefort, qui habitait alors Vergèze (1). Elle institua son gendre procureur-fondé pour l'administration des biens qu'elle possédait à St-Gilles; maisons, jardins, terres cultes et incultes, marais, pêcheries, etc...

En 1503 et 1504, elle avait ordonné le renouvellement, par ses vassaux de Garrigues, de toutes leurs reconnaissances féodales.

---

(1) La vieille famille de Moranges, convertie plus tard au protestantisme, comme presque toute la noblesse de France, produisit un pasteur, Guy de Moranges, dit *Lagarde*. Genève l'envoya à Anduze en juin 1557; il était à Uzès en 1560; à Aix en 1561, etc.

Notre cartulaire en rapporte fidèlement la longue nomenclature.

Sur l'ordre du roi, elle procédait aussi au dénombrement de tous ses biens nobles de Garrigues et de Vergèze. En voici le texte à peu près littéral :

1504. — Dénombrement des biens nobles. — *A Garrigues, deux maisons dans lesquelles fait sa demeure aucunes fois ;*

Plus, au dit lieu, elle perçoit chacun an de rente en blé, à savoir tant en froment que orge et autres blés mescle, en tout quatre charges ou environ qui valent chacune charge 20 sous parisis. . . . . 4 l.. »

Plus, prend d'argent au même lieu   » 10 s.

Plus, la Juridiction moyenne et basse dudit lieu lesquelles tient en fief noble du roi, qui vaut. . . . 2 l. ` »

Plus, le polverage (1) qu'elle prend aussi audit lieu, qui vaut chacun an. . . . . » 15 s.

Plus, qu'elle a et possède audit lieu un bois et devois, quart à couper le bois, qui vaut chacun an. . . » 5 s.

Plus a et possède audit lieu des terres labourines environ 7 ces-

---

(1) Droit de passage des troupeaux sur les chemins du seigneur.

teyrades qui valent de revenu chacun an. . . . .   *2 l.*   »

Plus, deux charges de bois éva-
lués vingt sous la charge. . .   *2 l.*   »

Plus, quatorze cesteyrades qui
valent de revenu. . . . . .   *4 l. 10 s.*

Item, prend aud. lieu de Garrigues en cense annuelle deux poules
et un chapon. . . . .   »   *5 s.*

Plus tient et possède audit lieu
de Garrigues des terres complan-
tées d'oliviers qui contiennent deux
charges de labour valant de revenu
chacun an un cestier et demi d'huile
qui vaut. . . . .   *1 l. 10 s.*

Plus tient et possède audit lieu
2 maisons nobles en lesquelles fait
sa demeure.

Plus tient et possède au lieu de
Vergèze deux cartes de vignes qui
valent de revenu chacun an quatre
vesseaux de vin évalués . . . .   *12 l.   1 s.*

Item, tient et possède audit terroir de Vergèze 120 carteyrades
de terre tant de bonne valeur que
de petite valeur de revenu chacun
an 5 charges de blé bon qui valent   *6 l.   5 s.*

Plus, audit terroir de Vergèze
d'olivèdes environ quatre cesteyrades valant de revenu chacun an
deux cestiers d'huile qui valent. .   *2 l.*   »

Plus tient et possède noblement
au terroir d'Aimargues deux car-
terades et demye de pré valant de
revenu . . . . *20 s. 1 d.*

Et pour les choses dessus dites a de coutume
de servir le roy, au ban et arrière ban de la
sénéchaussée de Beaucaire, un pietton.

Et des choses susdites tient six livres quinze
sols tournois.

On remarquera que les biens de St-Gilles
ne sont pas évalués dans cette énumération
de biens nobles. Cependant la ferme de
Cassagnes avait donné son nom au père de
Jeanne et à ses ancêtres.

1517. — Testament de Jeanne de Cassagnes.
— Jeanne de Cassagnes testa par-devant un
notaire de Calvisson le 7 avril 1517 et mourut
peu de mois après, en sa demeure de Vergèze,
voulant, dit-elle en ce testament, être ensevelie
dans l'église de St-Félix de Vergèze, au
tombeau de ses prédécesseurs ; elle y règle
minutieusement chaque détail de ses funérailles : 25 prêtres diront chacun une messe,
tandis que le jour de la neuvaine sera célébré
par 30 prêtres, et que le bout de l'an en
réunira 40, priant pour son âme. Ce jour-là,
son légataire universel donnera à tous les
prêtres réunis un grand dîner commun.

Quatre pauvres vêtus de *drap burel* marcheront devant le corps de la défunte, portant chacun un cierge de poix. D'ailleurs son exécuteur testamentaire règlera l'ordre de la cérémonie, et son fils aîné paiera à tous ses filleuls et neveux, aux diverses confréries de Vergèze et à celle de Garrigues plusieurs petites sommes détaillées aussi avec grand soin.

Si les pauvres du lieu étaient, comme on le voit, maigrement traités dans le testament de la noble veuve, le clergé n'eut pas à se plaindre d'elle. Mais d'où sortait cette multitude de prêtres ; aux dépens de qui vivaient tant d'oisifs ? — On a peine à le concevoir aujourd'hui.

1507. — MARIAGE DE GUILHAUME DE GAUDE. — Dix ans avant sa mort, Jeanne de Cassagnes avait marié son fils aîné, Guilhaume de Gaude, avec Isabeau de Montclar, fille de noble Bernard de Montclar, seigneur de la Loubière et de Durfort, et lui avait donné la moitié de ses biens, avec réserve d'usufruit.

Comme héritier de son père, Guilhaume de Gaude était inscrit au rôle de la sénéchaussée de Beaucaire et Nîmes au rang des *brigadiers à un cheval*. En ce temps de guerres incessantes et vaines entre les rois de France et l'Italie, de fréquentes *montres* (revues) avaient lieu à Nîmes où comparaissaient en équipage tous les chevaliers des diocèses d'Uzès, de Nîmes et de Maguelonne, avec le ban et l'arrière ban, à l'effet d'être taxés d'une contribution de guerre ou de servir en personne. Mais Guilhaume de Gaude en était généralement quitte pour une somme d'argent qui ne dépassait jamais 7 livres tournois.

Ses affaires, personnelles d'ailleurs paraissent l'avoir toujours beaucoup plus préoccupé que celles du roi : il achetait des olivettes à Langlade ; échangeait les immeubles de Sᵗ-Gilles contre un certain mas de La Roque, sis au territoire de Nîmes ; partageait la succession maternelle avec son neveu Guilhaume de Molette, fils de Claude de Moranges-Molette et de Marguerite de Gaude, etc...

Guilhaume de Gaude mourut jeune, en l'année 1524, laissant sa veuve Isabeau de Montclar gouverner ses biens à sa guise et ses enfants à la grâce de Dieu. Elle en avait quatre : trois filles, Marthe, Charlotte et Jeanne, — et un fils, Jacques, tous encore mineurs à la mort de leur père.

V

RENAISSANCE

On ne s'attend sans doute pas à trouver ici
le récit des grands évènements, ni l'explication
des causes sociales, philosophiques et religieuses qui ont amené la transformation de
la Société française à sa sortie des obscurités
du Moyen-Age. Tout au plus y percevra-t-on
un faible écho de leur influence en notre
petit village.

La renaissance des beaux-arts se fit sentir
dans certaines restaurations du château :
quelques débris d'architecture exhumés, il y
a déjà plusieurs années, des ruines d'une
partie de ses anciens bâtiments, témoignent,
par leur élégance même et leur exécution
habile, du goût nouveau introduit dans
l'habitation ; de gracieuses fenêtres à meneaux
en pierre finement sculptée remplacèrent
alors certaines baies massives et étroites,
jadis nécessitées par la défense ; le souvenir
du luxe des femmes nous est rappelé par les
détails de leur toilette énumérés en leurs
contrats de mariage ; certains meubles de
l'époque font encore l'ornement de quelques

pièces du château. Enfin, la réformation religieuse, qui fut le plus mémorable des événements de la Renaissance, pénétra ici comme en tout lieu. Les divisions, les querelles, les guerres intérieures qui en furent la conséquence, Garrigues en ressentit les contre-coups.

1528. — Dénombrement. — Dès sa majorité, Jacques de Gaude, à qui la seigneurie de Garrigues était destinée, recevait, avec sa mère Isabeau de Montclar, les reconnaissances féodales de ses vassaux, le 4 août 1528. Et grâce à l'exacte énumération de ces actes dans notre cartulaire, nous connaissons à peu près toute la population de Garrigues au XVIᵉ siècle. Elle était composée de trente familles payant censives, et d'un nombre inconnu de pauvres gens n'ayant rien à payer au seigneur du lieu.

1532. — Mort d'Isabeau de Montclar. — Isabeau de Montclar, veuve de Guilhaume de Gaude, mourut à la fin de mars 1532, huit ans après son mari. Deux de ses filles, Charlotte et Jeanne, furent alors placées sous la tutelle de Milan de Grisal, seigneur de Candiac, tandis que leur sœur ainée, Marthe de Gaude, déja promise à noble Arnaud Guiraud, seigneur de la Planque, à St-Hippolyte, célébrait son mariage le 23 février 1533.

LUXE DES FEMMES. — Le contrat de Marthe est curieux à lire ; on y constitue en dot à la future : « Six robes nuptiales, savoir : trois
» dessus et trois cottes, la première d'icelles
» de drap noir avec les manches fourrées de
» damas, une cotte de drap teinte en écarlate,
» l'autre robe dessus de drap d'ostade (?)
» avec ses manches fourrées de satin et une
» cotte de camelot, et la dernière robe dessus
» de drap de Paris noir fourrée de tafetas et
» sa cotte répondant à la robe et compétente,
» et les dites robes dessus et cottes garnies de
» velours suivant la coutume du présent et un
» capuchon de velours suffisamment garni ;
» et d'argent, la somme de quatre cents
» livres.... » Le luxe des femmes avait, on le voit, résisté aux mesures répressives édictées deux cents ans auparavant par le roi Charles V.

JACQUES DE GAUDE. — Jacques de Gaude avait pris possession de la seigneurie de Garrigues dès la mort de sa mère (1532). Nous verrons plus loin combien peu ses malheureux vassaux eurent à se féliciter d'un maître élevé en enfant gâté par une mère veuve, en cette époque de despotisme exagéré par les besoins d'un monarque toujours en guerre avec ses voisins.

Jacques de Gaude, en sa qualité de noble seigneur, fut classé comme légionnaire au rang des archets à un cheval. Nous ignorons s'il fut réellement soldat et s'il combattit jamais à la tête de ses vassaux, mais nous savons que, soit par absence forcée, soit plutôt par besoin d'argent, ce turbulent personnage, qui habitait Vergèze, vendit à Jacques de Brueys, notaire royal à St-Chaptes, « tous ses biens meubles » et immeubles, droicts, fruits, profits et » revenus, directes, censives annuelles, polve- » rages, rentes, quarts, quintes, taxes, droits » et émoluments quelconques qu'il possédait » sur le territoire de Garrigues exceptant » l'exercice de la justice et émoluments » d'icelle, » — moyennant trois cent cinquante livres, comptant chacune pour vingt sols tournois.

Mais nous avons tout lieu de croire que cette vente était fictive et qu'elle n'intervint que pour mettre le noble vendeur à l'abri des poursuites de quelques créanciers. — Jacques eut en effet procès avec ses voisins, ses parents, ses vassaux, ne vivant bien avec personne.

D'après un acte d'appel par lui présenté au viguier de Nîmes, un procureur « haineux et malveillant contre le seigneur de Garrigues » se serait, au nom de Jean de Louet, seigneur de Calvisson, « transporté sans aucune » suffisante commission au lieu de Vergèse et » illec arrivé, serait entré par violence et » fracture de porte dans la maison de Jacques » de Gaude en laquelle il avait son bien, » meubles, instruments et écritures qui » étaient le trésor de sa maison et cent charges » de blé ou seigle. »

Jacques accuse cet expéditif procureur de lui avoir emporté seigle, blé, meubles et papiers, d'avoir fermé ses coffres et ses portes, en sorte qu'il ne peut plus rentrer chez lui (23 septembre 1540).

Mais à la suite de cette plainte, probablement fort exagérée, Jacques reçut l'autorisation de faire la preuve « qu'il est gentilhomme, de » bonne race et seigneur juridictionnel de » Garrigues. » Et, l'ayant faite, une sentence du sénéchal vint, six mois après, apprendre au procureur de Calvisson qu'il avait outre-passé ses droits en molestant un noble ! lui défendant en outre de le poursuivre jusqu'à décision du Parlement de Toulouse, saisi de l'affaire.

Jacques de Gaude plaidait aussi contre son beau-frère *Etienne Pal*, de Conqueyrac, mari de Jeanne de Gaude. N'ayant pu, faute d'argent, payer à sa sœur la première partie de sa dot, il lui avait cédé, en 1547, une terre labourable sise à Vergèze. Mais comme il

refusait de s'acquitter du solde de cette dot,
le sénéchal dut le condamner au paiement de
six cents livres.

Il plaidait contre l'un de ses cousins, Pierre
de Fabrègue, greffier à la cour du présidial
de Nîmes, pour quelque vieille dette de famille.

Il plaidait surtout contre ses vassaux, las
de sa domination tyrannique, de ses criantes
usurpations. Le sénéchal eut mainte occasion
d'intervenir. Cité devant lui par les consuls,
Jacques s'entendait condamner à restituer aux
habitants de Garrigues le droit de se réunir
chaque année au second jour de Pâques à
l'effet d'élire eux-mêmes leurs consuls, et
autorisait les dits consuls, après qu'ils
auraient prêté serment de fidélité au roy et au
seigneur du lieu, de nommer comme ils le
faisaient par le passé, leurs officiers de police
*(estimeurs de dommage, visiteurs des chemins,
bassiniers de l'église,* etc.....). La même sentence
restituait également aux consuls certains
privilèges : entre autres, le droit de percevoir
les amendes infligées pour délits de dépaissance, le droit d'admettre au nombre des
habitants de Garrigues tel que bon leur
semblera afin qu'il jouisse comme eux des
libertés et facultés qui leur appartiennent;
enfin, la sentence du sénéchal défendait
à Jacques de Gaude « de recevoir et d'héber-
» ger les gueux, vagabonds et malveillants,
» ni d'user de rudesse ou de mauvais traite-

» ments envers ses sujets de Garrigues, sous
» peine de privation de sa juridiction ».
(15 janvier 1556).

Naturellement le petit desposte fit appel
contre cette juste sentence, mais il en fut
pour ses frais.

1561.— DÉBUTS DE LA RÉFORME. — D'ailleurs
à cette époque un souffle de liberté effleurait
déjà les masses. Avec l'esprit de la Renaissance pénétraient, jusque dans les parties les
plus reculées du royaume de France, les idées
nouvelles de la Réformation religieuse.

Le grand prédicateur de la Réforme dans
le Midi, Pierre Viret, vint à Nîmes, le
6 octobre 1561. Sa parole entraînante amena
tout de suite une foule de conversions
sensationnelles : Louis de Montcalm, prieur
de Millau, l'abbé de St-Sauveur, plusieurs
religieuses, plusieurs conseillers au présidial,
le président Nicolas de Calvière firent entre
ses mains abjuration publique.

A Uzès, Viret prêcha, avec le consentement
de l'évêque, dans la cathédrale même.
L'évêque, la majeure partie de son chapître,
les consuls en chaperon s'y rendirent suivis
d'un immense concours de peuple et les
conversions furent innombrables. On croit
que c'est dans cette assemblée qu'eut lieu la

consécration solennelle de cinq ministres, parmi lesquels Isaac d'Entraigues, qui fut chargé des églises de St-Chaptes, de GARRIGUES et de Collorgues (16 novembre 1561).

Notre cartulaire ne parle ni de réformateurs, ni de conversions, mais, dès 1562, certains procès-verbaux racontent des vexations, des rixes entre citoyens, des emprisonnements arbitraires, des conflits même entre l'autorité seigneuriale et le peuple, signes évidents d'une division profonde dans les esprits et les cœurs.

Au commencement de septembre 1562, trois habitants de Garrigues avaient été commandés pour un service public quelconque à Uzès : c'étaient les nommés Raymond Gaussen, Bertrand et François Fontanieu. Disons tout de suite qu'ils appartenaient tous les trois à la religion catholique. Vexés de cette obligation qui les dérangeait de leurs affaires, ils accusent Antoine Cavalier de les avoir fait désigner pour cette corvée, le menacent de mort et, l'ayant un jour rencontré dans une rue du village, l'un d'eux le frappe d'un coup d'épée « duquel serait sorti effusion » de sang. »

Cavalier porta plainte. Un juge, Francois Blanchon, et son greffier, Boucarut, furent chargés par la cour d'Uzès d'une enquête à propos de cette agression. L'enquête ayant établi les faits, Raymond Gaussen, Bertrand

et François Fontanieu furent, dès le lendemain, décrétés de prise de corps. Mais si la
justice se trouva du côté du droit, il n'en alla
point de même de la passion religieuse. Les
agresseurs d'Antoine Cavalier firent si bien,
en effet, que le seigneur, son bailli, son greffier, sans autre forme de procès, au lieu de
les mettre en prison selon la décision de la
Cour, y jetèrent au contraire les quatre
frères Cavalier, Jean, Raymond, Fériol et
autre Jean, et, du même coup de filet, y
amenèrent Jean Jourdan, sergent ordinaire
du lieu de Garrigues ! — Antoine Cavalier,
celui qui avait reçu le coup d'épée, resté seul
libre, en appelle de cette séquestration arbi-
traire au premier juge enquêteur, s'adressant
directement à lui, dit-il, parce que le temps
presse, que le seigneur est absent de Garrigues, que son secrétaire demeure à St-Chaptes
et que son juge ordinaire réside à Nîmes.

A cet appel, le juge Blanchon revient dès le
lendemain, 21 octobre. Il s'adresse d'abord
au bailli, auteur de l'emprisonnement, et lui
ordonne d'ouvrir la prison afin de procéder à
l'interrogatoire des cinq détenus.

Celui-ci obéit et ouvre. Mais on se heurte
alors à une seconde porte que le bailli cette
fois refuse d'ouvrir sous prétexte que la clef
n'est pas en sa possession, mais bien entre les
mains du juge qui habite Nîmes ! Blanchon,
au nom du roi, fait enfoncer la porte et se

trouve alors en présence des prisonniers
» pleurant et désolés, disant que le seigneur
» du lieu a commis plusieurs battements et
» concussions en leurs personnes en les
» mettant prisonniers de sa propre main et
» sans propos et *en haine de ce qu'ils sont de la*
» *Religion.* » — Ils réclament, avec leur élargissement, la restitution d'une épée et de
deux dagues dont ils étaient porteurs au
moment de leur arrestation, et que le seigneur
a gardées par devers lui.

Blanchon, outrepassant peut-être un peu
ses droits, les rend immédiatement à la liberté
et les assigne devant la Cour d'Uzès.

Mais Jacques de Gaude, informé par son
bailli quelques jours après, porte plainte à
son tour contre les violences du juge qui,
dit-il, avec une suite « armée de pistolets et
» autres armes nuisibles » a rompu les portes
de son château.

Sur cette protestation, nouvelle enquête
ordonnée par le sénéchal. Le bailli André Cure,
Jacques Amalric, Jean Barron, Guilhaume
Gibert témoignent tous contre Blanchon.

De leur côté, les frères Cavalier en appellent
aux officiers ordinaires de Garrigues. Mais à
peine se sont-ils présentés devant eux, que,
de nouveau, ils sont appréhendés et jetés en
prison, et cette fois « dans un *crotton* (caveau)
» sous terre, humide, sans paille ni couverture
» et au pain et à l'eau. » — Nouvelle supplique

de leur part au bailli. Elle est mal reçue de cet officier du seigneur, qui réclame une copie de leur requête, demande trois jours pour y répondre et ajoute que, « en attendant, il ne » saurait les mettre en un lieu plus commode, » plus chaud ni plus sûr, attendu qu'ils ont » fait rompre les portes du château. »

Nous ignorons la fin de ce conflit entre l'autorité seigneuriale et la justice du roi. Mais il prouve combien déjà la division était profonde parmi notre petite population. On peut en conclure aussi que le parti catholique était encore le plus fort dans le village. Mais bientôt après les conversions se multiplièrent, et presque tous les noms des adversaires que nous venons de voir déposer contre les cinq frères Cavalier, qui se disaient *de la religion,* ont dans la suite appartenu au parti protestant : tels Gaussen, Fontanieu, Gibert, Bouvier, Barron, Amalric (1562) et le seigneur lui-même, Jacques de Gaude.

Jacques de Gaude embrasse la Réforme. — Ce fut vers cette année 1563 que Baudiné, comte d'Acier, futur duc de Crussol, embrassa la cause de la Réforme et prit les armes contre le parti des Guises. Son exemple fut suivi par ceux des grands qui hésitaient encore. Dans le Midi, comme presque par toute la France, toute la noblesse à peu près était devenue huguenote. Le seigneur de Garrigues ne dut pas tarder longtemps.

Nous le voyons en effet, dès 1566, entrer en lutte contre ses vassaux qui prétendent, avec raison d'ailleurs, le déposséder du droit qu'il avait usurpé sur la juridiction royale. De tous temps, — disent-ils dans l'assignation qu'ils lancent contre lui devant le sénéchal,— le lieu de Garrigues a fait partie du domaine royal, étant uni de temps immémorial à la couronne de France et administré par les officiers et représentants du roi; pourquoi donc aujourd'hui se trouve-t-il occupé sans titre légitime par noble Jacques de Gaude qui habite Vergèze et qui « vexe et tourmente » les habitants de Garrigues de voies de fait » sans forme de justice, les tortionne et les » concussionne accompagné d'un tas de » larrons, brigands et voleurs dont il se sert, » et n'entasse que ruines de corps et de biens, » tandis que au temps passé ces mêmes » habitants étaient regis et gouvernés par les » officiers du roy, bénignement traités et, par » droiture, brève et bonne justice leur était » octroyée. » Aussi, demandent-ils avec insistance au sénéchal « de réunir et incor- » porer le lieu et place de Garrigues au » domaine du roy, en débouter et mettre hors » ledit Jacques de Gaude. » — Ils vont même jusqu'à offrir au roi de lui payer la somme de

5oo livres pour empêcher le seigneur d'acquérir lui-même cette juridiction ou tout autre droit royal.

Mais l'irascible Jacques réplique et demande au sénéchal d'ordonner que les termes de cet insolent factum « soient tenus pour faux, » vileneux et attroces, qu'ils soient rayés de » la requête et que, à défaut de leurs auteurs, » leur advocat soit condamné à double amende » honorable et au paiement de 5oo livres. »

Le sénéchal ne retint de cette furieuse requête que l'attribution de la Justice Haute : dès le 1er juillet 1567, il donnait raison aux paysans à ce sujet et déclarait vaines les prétentions de Jacques de Gaude.

Malgré cette sentence, le débat dura longtemps, et, s'il prit fin momentanément à la mort de Jacques, nous le verrons recommencer, avec obstination de la part de ses successeurs, dès le début du siècle suivant.

Entre temps, la Réforme, après avoir séduit les grands, cheminait à travers les rangs des humbles. Les guerres religieuses devenaient de plus en plus fréquentes et âpres ; les édits de pacification se succédaient suivant l'influence prédominante de tel ou tel parti. La lutte était vive, même à Garrigues. Nous en voyons l'un des effets dans la réclamation suivante, faite avec une certaine hauteur.

1576. — Pétition des Huguenots. — Le 2 juillet 1576, un François Fontanieu, — que nous avons rencontré parmi les adversaires des cinq frères Cavalier, — huguenots tous les cinq, — passé lui-même depuis à la Réforme et devenu bailli, s'adresse à Gaussen Raymond et à Reynaud Antoine, fermiers du bénéfice du Prieur, et leur expose *que plusieurs manants et habitants de Garrigues se sont plaints à lui qu'ils n'avaient eu, longtemps il y a, aucune doctrine ni enseignement, vivant comme bêtes ; et, qu'étant à la paix par laquelle chacun est réintégré dans son bien, tant d'une religion que d'autre, et qu'ils représentent le Prieur et prennent les fruits du bénéfice, ils doivent tenir un homme* (ministre ou prédicant) *capable d'endoctriner et faire le service et baptiser les enfants qui sont à baptiser.*

L'Edit qui suivit la paix dont il est ici question avait été accordé aux Réformés par le roi Henri III, le 5 mai 1576, et publié par Danville à Montpellier, le 7 juin suivant.

1573. — Testament de Jacques de Gaude. — Jacques de Gaude était déjà mort. Son testament, fait en sa maison de Vergèze devant Mᵉ Antoine Colombet, notaire royal à Gallargues, le 21 avril 1573, confirme ce que nous disions plus haut, que le seigneur de

Garrigues était passé à la Réforme, comme la plupart de ses vassaux : au lieu d'élire sépulture dans l'église même de Vergèze et de donner au clergé, comme l'avaient fait son aïeule et sa mère, il déclare vouloir être enseveli dans le cimetière de Vergèze et donner aux pauvres la somme que sa femme, *Loïse de Bourdic,* jugera convenable de leur distribuer. Cet acte *in-extremis* nous apprend aussi que Jacques de Gaude laissait six enfants, tous encore mineurs, à l'exception pourtant de l'aîné, — *Jacques,* comme son père, — qu'il institue son héritier universel.

Ce testament nous fournit également un curieux exemple des substitutions permises alors, mais que nos lois modernes ne tolèrent plus. Après avoir doté chacun de ses enfants, y compris *le posthume qui est dans le ventre de sa femme, soit mâle soit femelle,* d'une somme de cinq cents livres pour tout héritage et quand ils auront atteint l'âge de 18 ans, — le testateur s'exprime ainsi : « que si ledit » Jacques de Gaude, majeur, son fils et » héritier universel, venait à décéder sans » avoir d'enfants procréés de son légitime » mariage, SUBSTITUE *Pierre,* son autre fils, — » et que si Pierre venait à décéder sans avoir » d'enfants ou bien ses enfants sans avoir » d'enfants de leurs légitimes mariages, » SUBSTITUE *Anthoine,* et si Anthoine venait » à décéder sans enfants ou bien ses enfants

» sans avoir enfants SUBSTITUE autre *Jacques,*
» son autre fils......... » Le posthume fut
nommé *Jean.* Il y avait aussi une fille, du
nom de *Jeanne,* qui reçut, comme ses frères
cadets, cinq cents livres pour toute dot.

Disons ici que Jacques de Gaude, quinze ans
avant sa mort, avait racheté, le 1ᵉʳ juillet 1558,
de Jacques de Brueys, notaire à St-Chaptes,
tous les biens meubles et immeubles ainsi que
les droits seigneuriaux qu'il lui avait cédés,
on se le rappelle, par l'acte du 29 juillet 1538.
Le domaine de Garrigues était donc resté
vingt ans hors du pouvoir de Jacques de
Gaude. Mais plusieurs ventes, baux, etc.....
passés durant ce laps de temps au nom du vrai
seigneur, semblent bien prouver, comme nous
l'avions pressenti, que la première vente
n'était qu'une fiction. — Quoiqu'il en soit,
durant cette période, les paysans avaient commis de nombreux dégâts dans les bois
seigneuriaux et plusieurs fois usurpé le droit
de dépaissance dans les hermes de Jacques
de Gaude, ainsi qu'en témoignent nombreux
procès-verbaux, dressés par les officiers du
lieu sur la plainte de J. de Brueys lui-même,
qui d'ailleurs, déclare-t-il, ne constatait les
contraventions que *pour sa décharge.* En ces
sortes de cas, le bailli ne manquait pas de
condamner les délinquants à l'amende et, pour
les mieux contraindre à la payer promptement,

saisissait une partie du bétail et le plaçait sous séquestre.

GUERRES RELIGIEUSES. — Les Réformés de la Gardonnenque, alors en très grande majorité, n'eurent rien à souffrir des ordres sanguinaires de Charles IX au jour néfaste de la St- Barthélemy 1572; mais les grands en furent très impressionnés. Crussol d'Acier, jusqu'à ce moment dévoué à la cause protestante, l'abandonna.

En ce temps-là, les dissensions religieuses plongeaient le malheureux peuple de France dans tous les genres de misère. La guerre était partout ; le Midi en souffrait comme le Nord ; notre Gardonnenque était sans cesse en feu. Le château de Sᵗᵉ-Anastasie, qui la menaçait ou la protégeait tour à tour du haut de ses escarpements, était pris et repris par les combattants. Les Huguenots, commandés par le comte de Chatillon et le vicomte de Turenne, l'avaient reconquis en 1588 ; le fort de la Calmette, surpris par les troupes catholiques, leur servait de point d'appui pour faire le dégât jusqu'aux portes de Nîmes. Chatillon les en délogea après un siège de trois jours ; le gros bourg de Saint-Géniès, assiégé par le duc de Montmorenci, dut se rendre à discrétion ; son gouverneur fut pendu et le château livré aux flammes (1586).

1598.— Edit de Nantes.— L'Edit de Nantes, donné par Henri IV en 1598, rétablit pour quelques années le calme dans le pays, mais dès 1621 les hostilités recommencèrent. Le duc de Rohan brûlait le château de St-Siffret qui appartenait au prévôt de la cathédrale d'Uzès ; Montmorenci faisait encore passer au fil de l'épée une centaine de protestants de St- Géniès et démantelait la place.

1629. — Paix d'Alais. — La soumission de Rohan, suivie de celle des autres chefs Huguenots, vint enfin ramener la paix ; l'Edit de pacification, signé à Alais le 29 juin 1629 par Louis XIII, rétablit l'ordre. Le roi et son ministre Richelieu, partis le soir même après la signature du traité, couchèrent au château de St-Chapte où fut décidée la destruction du fort de Sainte-Anastasie.

L'histoire ne dit pas si les seigneurs de Garrigues avaient pris part à tant de luttes pour la liberté de conscience, mais il est certain que, à l'inverse de ce que fit presque toute la noblesse de France, ils n'abandonnèrent jamais leur religion d'adoption : ils restèrent Huguenots jusqu'au dernier.

1590. — Mariage de Pierre de Gaude. — Jacques de Gaude, avons-nous dit, mourut en 1573. Sa veuve, Loïse de Bourdic, avait obtenu du roi Henri III « sauvegarde par » laquelle sa majesté prenait en protection » ses maisons et biens et ceux de ses enfants » aux lieux de Garrigues et de Vergèze, et » faisait défense à toute sorte de gens de » guerre de leur méfaire en aucune façon. »

Jacques, le fils aîné, institué héritier universel de son père, ne jouit pas longtemps du fief de Garrigues : il mourut en 1588.

En vertu du testament précité, son frère *Pierre* lui fut substitué. Deux ans après, celui-ci se mariait avec damoiselle *Françoise de Vergèze*, fille de Claude de Vergèze, seigneur d'Aubussargues, et de damoiselle Doumergue de Joannis (1).

La mariée reçut en dot trois mille livres en argent, trois cents livres en bijoux et *fut honnêtement habillée selon sa qualité.*

SES ACQUISITIONS. — Jusques à cette date, les seigneurs de Garrigues n'étaient que rarement venus en leur domaine : ils préfé-

---

(1) Les sires de Vergèze possédèrent pendant longtemps encore la seigneurie d'Aubussargues. Nous avons rencontré un acte du 12 mai 1683, signifié par le prieur de St-Nicolas-de-Campagnac, où un sieur d'Aubussargues, Jacques de Vergèze, fils unique de Jean et de done de Barjac du Bouquet, est sommé de lui payer, pour ceux des fiefs d'Aubussargues qu'il tient du prieuré de St-Nicolas, cinq salmées d'orge et quelques *gélines* (poulardes).

raient habiter Vergèze. Pierre de Gaude paraît avoir rompu la tradition et s'être intéressé à Garrigues plus que ses prédécesseurs. Il commença par débarrasser l'enceinte du château d'une foule de cazals ou petites maisons de refuge en temps de guerre, qui l'encombraient encore ; il les achetait à leurs propriétaires pour qui elles devenaient de plus en plus inutiles. Il fit aussi l'acquisition de terres, de vignes, de maisons sises sur le territoire de Garrigues, agrandissant d'autant la portée de sa juridiction.

POLICE DES MŒURS. — Les mauvaises mœurs y étaient sévèrement réprimées par ses officiers : une fille mère ayant abandonné son enfant, fut saisie et mise en la prison du château ; le séducteur, malgré ses dénégations, fut poursuivi. — Une autre fille, Lezène Duplan, dénoncée comme étant enceinte, se vit mandée chez le bailli, Michel Sayerle, qui, pour la conservation de l'enfant, fit subir un interrogatoire à la mère. Celle-ci en effet déclara être grosse, depuis deux mois environ, d'un nommé Jean Pascot, fils de Pierre, qui lui avait promis mariage. A la naissance de l'enfant, le procureur fit appeler Jean Pascot pour l'obliger à se charger de la mère et de son fils ; mais Pascot nia le fait, disant que cette fille n'était qu'une p..... — C'était peut-être la vérité. Le procureur, indécis, commanda à la fille Duplan de nourrir en tous cas le nouveau-né jusqu'à ce que la Cour ordinaire du lieu de Garrigues en eût ordonné. Mais la donzelle porta nuitamment le petit chez le procureur lui-même, et s'enfuit. Le procureur averti la fit arrêter. Il la menait à la prison du château, quand, pendant le trajet, plusieurs personnes de la famille Duplan saisirent le procureur, enlevèrent la fille et la firent évader. Un décret de prise de corps s'ensuivit contre Lezène Duplan et ses complices, tandis que Jean Pascot fut traduit devant la Cour.

1591. — Elections consulaires. — Selon la coutume, l'élection des consuls avait lieu tous les ans, le jour après la fête de Pâques. Cette date avait l'inconvénient d'obliger les consuls sortants à prélever, durant l'administration des consuls nouvellement élus, les tailles restant dues de l'an passé : d'où, nombreuses difficultés et procès, disait-on. Avec Pierre de Gaude, plein de bonne volonté envers ses vassaux, un arrangement paraissait facile. On le lui proposa. Le seigneur répondit que « ne désirant rien tant que le » bon ordre et la bonne police entre les » habitants pour le profit de tous », il accepterait volontiers un nouveau règlement qui put les satisfaire.

Alors, en présence d'une trentaine d'hommes, *formant la plus grande et saine partie des habitants*, réunis sur la place publique, le 12 mars 1591, les consuls proposèrent de faire à l'avenir les élections consulaires dès le lendemain de la Noël, de façon que les pouvoirs des nouveaux élus commenceraient le premier janvier et finiraient le 31 décembre de la même année. Et, pour éviter toute fraude dans cette élection, le mode en fut changé. Tous les habitants étant assemblés, *deux pommeaux de cire* semblables seront présentés à deux des plus anciens d'entre eux par un petit garçon ; dans l'un des deux pommeaux ou *balottes* se trouvera une marque signifiant que celui à qui échéera la balotte marquée sera élu premier consul ; puis, pour la nomination du second, on procédera de même, et de manière que tous les habitants puissent à leur tour être nommés à cette charge ; les consuls sortants ne seront pas réélus avant six ans ; tous les habitants seront tenus d'être présents le jour du vote, et les défaillants condamnés à cinq sous d'amende applicables aux affaires publiques. — Il ne sera permis à personne d'affermer un bien sans que ce bien ait été évalué par les consuls, et ses charges aussi, telles que le paiement des deniers royaux ou logement de soldats ;

quant aux tailles restant dues au premier jour de l'an, les consuls anciens et les nouveaux auront à les lever par égales parts. Toutes les affaires seront traitées en public par les habitants assemblés.

Vote universel et obligatoire, attribution alternative de la charge consulaire, discussion publique des affaires de la communauté, rien de plus remarquable et de plus libéral que ce nouvel arrangement, issu des idées égalitaires filles de la Réforme.

Les choses ainsi réglées, il fut statué que le consulat, dont Antoine Bernard et Michel Durand avaient été investis dès le lendemain de Pâques de l'année précédente cesserait le 31 décembre suivant.

1597.— Vente par le Roi de la Juridiction haute et basse. — Pierre de Gaude mourut jeune, en l'année 1599. Sa courte existence n'avait pas été sans soucis : Sous la pression et les réclamations de plus en plus vives des manants, le roi, mettait à profit les troubles religieux pour reprendre aux seigneurs de Garrigues les droits si longtemps contestés de Juridiction haute et basse, et les vendait, moyennant dix-sept cent francs, à un certain Pierre de Falhet, citoyen d'Avignon.

Mais la Justice Basse n'appartenait pas au

roi : depuis 1252 les seigneurs de Garrigues en avaient la libre possession, nous l'avons déjà répété. Pierre de Gaude ne manqua point de protester contre la vente d'un droit qui lui appartenait depuis plus de trois siècles. Il porta sa cause devant le Parlement de Toulouse, mais avec la fausse prétention de se faire restituer du même coup la Justice Haute, bien qu'il dut savoir parfaitement qu'une sentence, rendue depuis le 1er juillet 1567 par le sénéchal de Beaucaire, lui en interdisait l'usage et le réservait au roi.

La Haute Cour de Toulouse, se rendant parfaitement compte des droits de chacun en cette affaire, restitua, par un prudent arrêt du 21 mai 1601, la Justice Basse au seigneur de Garrigues et réserva la Justice Haute en la possession du roi *jusqu'à preuve du contraire.*

1608. — Claude de Gaude. — Pierre étant mort, son fils *Claude* reprit la lutte. Ne voulant rien laisser passer chez lui qui put porter atteinte à ses prérogatives, on le voit imposer une amende de 50 livres à deux de ses vassaux qui, pour un différent à propos de mur mitoyen, s'étaient permis de porter leur cause devant les juges royaux d'Uzès, au lieu de la soumettre, comme ils le devaient, aux officiers ordinaires de Garrigues.

Malgré tout, Claude persistait à s'attribuer le titre de seigneur juridictionnel haut, moyen et bas. — C'était aller trop loin, on le sait. Mais Falhet, le récent acquéreur de *toute* la Justice du lieu, fatigué de cette interminable procédure, pour s'y soustraire la revendit à son tour, et au même prix de 1700 livres qu'elle lui avait coûté, à un sieur Louis de Roussel, docteur en droit, avocat à Uzès. Il ne daignait même pas tenir compte de l'arrêt du 21 mai 1601.

C'est alors que les consuls eurent l'idée de rembourser Roussel et d'acquérir pour leur propre usage le droit tant contesté. Un nouveau procès entre eux et le seigneur s'ensuivit, — c'était inévitable. Il dura encore vingt ans. — Le Parlement de Toulouse, nullement favorable aux Huguenots, confirma cette dernière vente par son arrêt du 21 avril 1621, en sorteque la triple Juridiction haute, moyenne et basse semblait définitivement enlevée cette fois aux seigneurs de Garrigues. — Elle ne le fut pas pour longtemps.

1621. — FRANÇOIS DE GAUDE. — En cette même année, 1621, mourut Claude de Gaude. Sa veuve, Claude d'Astier, hérita de la jouissance d'une partie de ses biens; leur fils unique, *François,* encore mineur, fut placé sous la tutelle de son oncle Jacques de Gaude, seigneur de Privadière.

En vertu de son titre de tuteur, Jacques de Gaude, reprit l'éternelle instance et obtint, en 1630, son retour devant le Parlement de Toulouse. S'appuyant sur les art. 58, 59 et 60 de l'Edit de Nantes, qui déclarent nuls tous les jugements et arrêts rendus contre ceux de la R. P. R., Jacques introduisit sa requête tendant à faire casser l'arrêt du 21 avril 1621. Elle fut accueillie, et les choses remises en l'état. Mais les consuls n'acceptèrent point cette décision. La vieille dispute fut par eux à nouveau reprise : elle devait durer plus de quatre-vingts ans encore avant de trouver une solution de hasard.

Sur ces entrefaites, François de Gaude atteignit sa majorité. Il partit en 1636 pour le service du roi dans la marine. Commandant de galère en 1655, il périssait dans un naufrage, et sa galère avec lui ; cinq autres bâtiments commandés par le chevalier de la Ferrière sombraient en même temps.

Temps Modernes.

1659. — Louise de Gaude. — François fut le dernier seigneur de Garrigues du nom de Gaude : il ne laissait qu'une fille, *Louise*, qui, en 1659, quatre ans après la mort de son père, épousait noble *Pierre de Bazan*.

Avec une opiniâtreté digne de ses aïeux, Louise de Gaude-Bazan revint sur les décisions de la Cour des Aides de Montpellier et du Parlement de Toulouse, qui, une fois encore, avaient donné gain de cause aux consuls de Garrigues. De guerre lasse, ceux-ci finirent par offrir à la jeune plaideuse une indemnité de quatre mille livres pour faire taire ses prétentions. Louise accepta (1669).

Mais vingt-quatre ans après cet accord, elle l'avait oublié et de nouveau prétendait à la triple juridiction. — Sa cause était trop mal fondée cette fois pour être accueillie. Le Parlement la rejeta.

Louise de Bazan eut alors la ruse de discontinuer ses poursuites jusques au temps suffisant pour atteindre la prescription de cette instance commencée en 1692, et, le moment venu, 5 avril 1697, elle assigna de nouveau les consuls.

1708. — AVÈNEMENT DE SA FILLE.— Sa mort vint interrompre le procès. Mais Louise transmettait à sa fille, Philippe de Gaude-Bazan, le soin de le poursuivre. En fille de bonne mère, celle-ci n'y manqua point.

En l'année 1708, mariée à *Michel Vincent,* contrôleur des greniers à sel de Lunel, dame Philippe obtint enfin contre les consuls de Garrigues sa réintégration dans la Justice Basse. Mais Philippe et son mari, fatigués eux aussi d'une aussi longue lutte, persuadés surtout que les consuls ne tarderaient point à la reprendre, n'habitant pas d'ailleurs leur château à peu près en ruine, songèrent à se débarrasser de ce trop litigieux domaine. Ils en proposèrent l'acquisition à la communauté elle-même. Les consuls volontiers se prêtèrent à cette combinaison.

D'un commun accord, les terres, le château, ses dépendances, et les censives encore impayées furent évaluées à six mille livres. La communauté accepta cette évaluation (1710), mais comme il lui manquait à peu près la moitié de la somme pour en parfaire le paiement, les consuls offrirent à *Antoine* MALARTE, bourgeois de la ville d'Uzès et, de père en fils, propriétaire à Garrigues depuis trois cents ans, de lui revendre le château et le jardin qui est au devant.

1719. — Vente du Chateau et des Droits seigneuriaux. — Antoine Malarte ayant accepté, paya de ces deux immeubles la somme de six cents livres et se chargea de recouvrer les censives et autres droits seigneuriaux moyennant 2,395 livres.

L'acte de vente fut conclu le 5 octobre 1719 pardevant M° Martin, notaire à Uzès, directement entre Michel Vincent lui-même et Antoine Malarte, afin d'éviter le paiement au fisc des droits de revente.

Blasons de la Communauté de Garrigues et de la famille Malarte. — Disons, à propos de la vente des biens seigneuriaux ainsi que du château des sires de Gaude, et de l'extinction de cette vieille famille, qu'il ne nous a pas été possible de retrouver la description des armoiries qu'elle a certainement dû porter, comme d'usage.

Mais la communauté de Garrigues au moment où elle fit l'acquisition des terres de ses anciens seigneurs, était, elle, depuis plusieurs années déjà en possession de pareille noble parure.

On sait qu'un édit de novembre 1696 était venu imposer aux moindres communautés de France l'adoption d'armoiries, aussi inutiles que surannées. En créant un armorial général des blasons des personnes, provinces, villes, terres, seigneuries, campagnes, communautés et maîtrises « *qui seront jugées à propos* », Louis XIV avait pour but d'ouvrir une nouvelle source de revenus au trésor royal épuisé. Ce blason, la plupart du temps, n'avait aucun sens. La taxe d'enregistrement des armoiries était de 25 livres pour les communautés, de 300 livres pour les provinces. « Et comme on témoignait peu d'empres-
» sement pour se soumettre à la taxe, — dit
» M. Roschach, t. xiii de l'*Hist. de Languedoc*
» édition Privat, p. 675-689, les commis char-
» gés de cette besogne finirent par attribuer
» des armoiries d'office à tous les contri-
» buables qui ne se présentaient pas ; et,
» pour s'épargner des efforts d'imagination,
» ils jugèrent ingénieux d'établir un système
» de roulement régulier : tel jour le commis
» ne distribue que des fasces. » E. Bondurand,
in litt.

C'est ainsi que 279 communes et 25 hameaux de notre département du Gard possèdent un blason bon gré mal gré, et que Garrigues porte en ses armoiries : *de sable, au pal losangé d'or et de gueule;* tandis que le hameau de

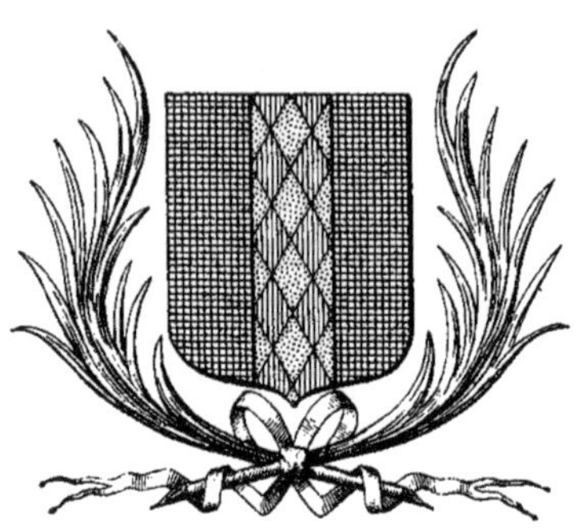

St-Eulalie, avant son annexion à Garrigues (1814), portait *de sable, au pal losangé de sable et d'or.* Telles aussi les communautés voisines : Aubussargues, qui porte *de sinople, au pal losangé d'or et de sable;* Collorgues, *d'azur, au pal losangé d'or et d'argent;* Moussac, *de sable, au pal losangé d'or et d'azur;* St-Chaptes, *de vair, au pal losangé de sinople et d'argent;* St-Anastasie, *d'argent, au pal losangé de sinople et d'or,* etc...

On voit que le jour où le commis s'occupait d'armorier Garrigues et ses environs, il distribua plus de *pals* que de *fasces.*

Quant à la famille Malarte, qui succédait aux Gaudes dans la possession du château de Garrigues, le blason que nous lui connaissons n'a probablement pas d'autre origine. Il est composé *de gueule, au lion d'or armé et lampassé de même, sur le tout une bande de sable, au chef d'azur chargé de trois étoiles d'or ; une couronne de comte,* qui surmonte l'écu, fut empruntée sans doute au blason des seigneurs de St-Chaptes. L'aïeul d'Antoine Malarte, en effet, autre Antoine Malarte, s'était allié à cette famille par son mariage, en janvier 1591, avec Marie Janin, fille de Pierre Janin et de Françoise *de Brueys* qui portait *d'or, au lion de gueule armé et lampassé de même, à la bande d'azur.*

Fin de la Seigneurie de Garrigues. — Quoiqu'il en soit de cette histoire d'inutiles et vains blasons, ainsi finit, par la vente de son domaine et des droits seigneuriaux, et tomba en rôture l'antique seigneurie de notre petit village ; ainsi, du même coup après une lutte séculaire contre leurs maîtres, s'émancipèrent nos fiers manants soixante-dix ans avant la date célèbre qui viendra mettre un terme à la criante inégalité entre citoyens d'une même France.

En vain les ducs d'Uzès, en vertu du titre pompeux de *Propriétaires incommutables du domaine royal en la ville et viguerie d'Uzège* dont ils se paraient encore, exerceront-ils ici la Justice Haute durant le court espace de temps qui sépare la fin des privilèges nobiliaires de l'extinction des seigneurs de Garrigues ; en vain prélèveront-ils encore sur nos malheureux paysans les droits d'investiture, de lods, de censives qui ne profitaient qu'à eux seuls, — la grande Révolution bientôt va passer son niveau égalitaire sur la Société française : riche ou pauvre, faible ou puissant, chacun désormais paiera sa part d'impôts à l'Etat et non à d'autres, pour le profit de tous.

1730. — LE PRIEUR DE GARRIGUES REVENDIQUE LA PROPRIÉTÉ DU CHATEAU. — Le château de Garrigues, lorsqu'il tomba en roture, était, quoiqu'en aient dit les auteurs nîmois précités, Hector Rivoire et Germer-Durand, en fort mauvais état, voisin de la ruine, et ce n'est certainement pas à la Révolution française ni à ses excès qu'il faut attribuer la perte de ses altiers vestiges de féodalité.

Mais, tout délabré qu'il fût ou pût être, dix ans après la vente qui en avait été faite au bourgeois Antoine Malarte, un certain Abauzit, curé nouveau venu au prieuré de Garrigues, eut l'audace de le convoiter et conçut l'inique projet de s'en assurer la possession. Il y mit un acharnement incroyable.

Sous le prétexte que la communauté avait acquis en 1710 tous les biens nobles de Garrigues, et que le château en particulier avait été par elle destiné à servir de maison presbytérale, le curé éleva la prétention de faire rentrer cet immeuble dans le domaine communal.

Quoique huguenot d'origine, Malarte avait été investi du Consulat durant l'année 1717, et — en sa qualité de consul, — avait détenu pendant l'année entière les papiers intéressant les affaires publiques. A cette époque, en effet, le local, qui précède le four banal où, encore aujourd'hui, les femmes apprêtent le pain de la semaine, servait aussi de salle de réunion aux assemblées consulaires. Les archives ne pouvant y trouver asile, le consul en activité les abritait en sa propre demeure, puis les transmettait à son successeur.

Le prieur commença donc par accuser Antoine Malarte d'avoir gardé par devers lui, après l'expiration de son consulat, tous les papiers de la communauté. Heureusement l'ancien consul avait de quoi répondre : à cette fausse accusation, il opposa une décharge signée de son successeur.

Ainsi arrêté net, le prieur prit un autre biais. — Il prétendit que les archives, remises par Malarte au consul de 1718, n'étaient point au complet ; que certains cahiers, — ceux qui précisément concernaient la vente des biens nobles, — avaient été malicieusement lacérés et qu'il y manquait plusieurs pages. Naturellement, l'auteur de cette mutilation ne pouvait être que Malarte, seul intéressé à faire disparaître la preuve que les bâtiments du château avaient été acquis par les consuls de 1710 avec l'intention de les transformer en presbytère. Et c'est pourquoi il fallait absolument exiger de Malarte la restitution immédiate des feuilles arrachées.

C'est sans peine, on le pense bien, que le prieur, élevant ses accusations et ses plaintes devant l'intendant de la province, obtint de lui une ordonnance portant contrainte par corps si, dans les trois jours, le huguenot Malarte n'avait pas restitué l'objet du délit.

L'ancien consul, dans l'impossibilité de rendre ce qu'il n'avait point pris, se vit en effet appréhendé sans retard et conduit aux prisons de Montpellier (juin 1730). Il y resta dix-huit mois ! — Ni les cautions offertes par son fils, ni les certificats des deux plus célèbres médecins de la faculté, Chicoigneau et François de Sauvages, attestant la maladie du prisonnier, ni les suppliques réitérées de ses avocats ne purent obtenir son élargissement avant la fin de l'instance.

Il en sortit enfin avec gain de cause, et le prieur humilié dut se contenter pour demeure de l'ancienne maison qu'on appelle encore *La Clastre.* — Elle est située, nous l'avons déjà dit, à gauche en entrant vers le milieu de la principale rue du village, celle qu'on appelait autrefois la *rue Droite*, et venait s'appuyer, au midi, contre une dépendance du fort édifié vers la fin du xiv· siècle à l'entrée même de cette rue.

LES PROTESTANTS APRÈS LA RÉVOCATION. — Plus qu'aux deux tiers peuplé de huguenots, le village de Garrigues avait eu beaucoup à souffrir des fureurs de Louis XIV avant et après la Révocation de l'Edit de Nantes. Comme tant d'autres et en particulier comme celui de Bourdic, son temple avait été détruit par ordre du roi, le 9 mars 1683. C'était un monument pourtant bien modeste : on voit encore une partie de ses anciens murs derrière la maison claustrale, à l'angle rentrant d'une ruelle qui conduit vers le centre du village, presque en face du vieux pigeonnier Bernard.

Mais vingt ans plus tard, l'église catholique subissait le même sort de la part des Camisards révoltés contre les persécutions du grand roi. En 1702, les protestants des Cévennes, exaspérés par les violences du clergé, avaient repris les armes pour la liberté de conscience. Leurs bandes, grossies de toute la jeunesse protestante de nos villages, sont restées célèbres sous le nom redouté de *Camisards*. Elles tinrent les troupes royales en échec durant trois longues années. Jean Cavalier, à la tête des révoltés de la plaine, y exerçait ses sanglantes représailles. Partout où Louis XIV avait rasé les temples, il détruisait à son tour ou tentait de détruire les églises. Celle de Garrigues ne fut point épargnée. — Elle a été restaurée depuis.

Des horreurs journellement se commettaient de part et d'autre. Les troupes royales n'étaient pas les seuls adversaires des Camisards : des bandes catholiques s'étaient levées sous les noms de *Cadets de la Croix*, de *Miquelets,* de *Camisards noirs,* portant la dévastation partout. — Le 8 mars 1704, une troupe de Cadets de la Croix occupée à saccager le village de Garrigues fut signalée à Cavalier. Les Camisards les attendirent à leur retour, les attaquèrent, en tuèrent plusieurs et poursuivirent le reste jusqu'à Bourdic.

Les gens de Garrigues, interrogés quelques années après par Antoine Court, qui relate ce fait dans son *Hist. des Camisards,* t. 2, p. 205, lui assurèrent que Cavalier avait mis à la tête du détachement chargé d'enlever ces pillards trois frères *Jonquiet* du lieu de Garrigues même. — J'ai connu en mon enfance des vieillards descendant de cette famille aujourd'hui éteinte. Plusieurs protestants du même nom et probablement de la même famille, alors fort répandue aux environs, à S¹-Chaptes, à Castelnau-Valence, ont été les victimes des buchers allumés par l'intendant Baville. — Les galères du roi, jusques en 1713, étaient servies par deux mille cinq cents forçats pour la foi, dont plusieurs étaient de Collorgues, d'Aubussargues, de Moussac, de Bourdic.... quatre cent mille huguenots, depuis plus de trente ans, peuplaient les pays étrangers. La famille Malarte, à elle seule, était représentée par plusieurs de ses membres à Moscou, à Munich, en Hollande, en Portugal. — Nous reverrons les protestants persécutés avec la même fureur par leurs compatriotes catholiques, durant la période de 1815 qu'on a appelée la *Terreur blanche*.

Quant à la *Terreur rouge*, elle passa à Garrigues sans y faire la moindre victime. Un seul des propriétaires du lieu, aux plus mauvais jour de 1793, fut emprisonné à Uzès sous l'accusation de *fédéralisme*. C'était l'arrière petit-fils d'Antoine Malarte, le jeune Joseph-Simon Lombard qui, pourtant avait déjà fourni bien des preuves de civisme : parti comme capitaine à la tête d'une compagnie de volontaires républicains pour l'*Armée des Pyrénées*, ses forces avaient trahi son ardeur patriotique, la maladie l'avait forcé de réintégrer le foyer paternel ; il présidait à Vauvert, pays d'origine de sa famille paternelle, une Société d'ardents révolutionnaires et prononçait, un jour de décadi, dans le Temple de la Raison, un discours que ses concitoyens enthousiasmés firent imprimer à leur frais. J.-S. Lombard sortit de prison après la chute de Robespierre.

Révolution française. — Depuis deux ans déjà la Révolution avait fait partout table rase des institutions monarchiques. A Garrigues comme ailleurs les consuls étaient remplacés par un maire et son adjoint. Ce maire, Etienne Bernard, convoquait, le 5 décembre 1790, les citoyens du lieu pour renouveler, en vertu des lois nouvelles, la moitié de son conseil et des notables appelés à prendre part aux délibérations.

Deux mois après, le 30 janvier 1791, à 9 heures du matin, tous, au son de la cloche, se réunissent dans l'église paroissiale où le prieur-curé, M. Garilhe, est convoqué pour prêter, entre les mains du maire et en présence du peuple assemblé, le serment civique imposé aux ecclésiastiques. Il s'agissait de jurer simplement fidélité au Roi, à la Nation, à la Constitution. Mais le prieur prétendit apporter quelques modifications restrictives à la formule officielle : « Je jure, dit-il, de veiller avec » soin sur les fidèles dont la conduite m'a » été confiée par l'Eglise, d'être fidèle à la » nation, à la loi et au roi, et de maintenir de » tout mon pouvoir, en tout ce qui est de » l'ordre public, la Constitution décrêtée par » l'Assemblée Nationale et acceptée par le roi.

» exceptant formellement les objets qui
» dépendent de l'autorité spirituelle. »

Et il signa sa déclaration sur le registre de
la commune. — La municipalité protesta. Le
maire Bernard, ses officiers municipaux
Etienne, Richard, Perrier, Olive, Gravier,
Jonquet, Bouvier, le procureur Sayerle
refusèrent d'accepter pareille formule comme
contraire au décret de l'Assemblée Nationale,
et déclarèrent cette prestation de serment
irrecevable et non avenue.

Il est probable que le prieur-curé Garilhe,
comme les autres prêtres réfractaires au
serment civique exigé d'eux, ne tarda pas à
prendre la fuite quand arrivèrent les décrets
de la Convention et ses représentants chargés
de les appliquer chez nous. Le terrible Con-
ventionnel Borie, délégué dans les dépar-
tements de la Lozère et du Gard, investi de
pouvoirs illimités pour l'organisation du
gouvernement révolutionnaire, dès son
arrivée à Nîmes exigea sous peine d'exil
l'abdication de toute fonction ecclésiastique
de la part des ministres de chaque culte.

Le curé Garilhe fut le dernier prieur de
notre village.

Borie épurait en même temps les municipa-
lités de leurs éléments suspects de tiédeur
révolutionnaire. Mais, dans cette prétendue
épuration, on sait qu'il se glissa de nombreuses erreurs.

Malgré la preuve de civisme sincère qu'elle venait de donner en refusant du prieur son serment mitigé, la municipalité de Garrigues passa, comme les autres, au crible des suspects : par décret du 4 prairial an II (23 mai 1794), le maire Bernard était remplacé par *François Bourguet; Perrier* est nommé agent-national à la place de Pierre Rouvière, décédé; parmi les officiers municipaux *Jean Olive* et *Antoine. Damon* (1) sont conservés comme purs de tout soupçon.

Confection du Cadastre. — Quelle fut l'œuvre de la municipalité nouvelle? — Les registres municipaux de cette époque manquent à Garrigues, tout comme ceux des époques antérieures. Nous savons seulement que, le 7 avril 1791, fut conçue l'idée de la confection du cadastre et que, pour faciliter une opération d'une si haute importance, la municipalité d'alors, quoique non encore épurée, divisait théoriquement le territoire en 9 sections : *Montgrand; La Garrigue; La Font dou Seigne; Terre-nouvelle; Vallat de Cons; Terre-Nègre; Cayrons; Arjalassière et Privadière,* et fixait, en même temps et très exactement, les limites de chacune d'elles. La

____

(1) Voir plus loin *Période de 1815.*

contenance cadastrale de ce territoire est de neuf cent trente cinq hectares.

BONAPARTE. — Pendant que la France et ses communes se réorganisaient, Bonaparte poursuivait ses succès contre les ennemis que suscitait à la République l'Angleterre, coalisée avec les monarchies de l'Europe et les nobles émigrés. Les armes étrangères étaient simultanément battues en Allemagne, en Italie, en Autriche. La France célébrait avec un enthousiasme indescriptible et les éclatantes victoires du jeune général, et les Cultes, l'Instruction publique, les Ecoles primaires et secondaires rétablis en même temps par son irrésistible autorité.

Mais le pays n'en ressentait pas moins les durs effets de tant de guerres. Aussi le *Traité d'Amiens* enfin conclu avec l'Angleterre, et qui semblait devoir ramener une paix éternelle et générale, fut-il acclamé partout avec une immense joie. Même à Garrigues, le Conseil municipal, nouvellement élu en vertu de la loi du 28 pluviose an VIII, ordonna, pour célébrer l'avènement de cette paix tant désirée, tous les genres de fêtes que ses faibles ressources financières pouvaient lui permettre : feux de joie, illuminations, décharges de coups de fusil, farandoles sont organisées en l'honneur de Bonaparte, « ce héros immor-

» tel à qui la France doit son bonheur et sa
» restauration », dit la proclamation du maire
aux habitants du village.

Mais la paix hélas ! fut de courte durée.
Puis vint l'Empire, accepté avec autant de
joie officielle que l'avait été le Consulat et que
le sera bientôt aussi le retour des Bourbons.

POLICE DES CHAMPS. — Pendant l'Empire,
la question de la police des champs et les
droits de chacun sont à l'ordre du jour. Par
un arrêté déjà lointain, le Parlement de
Toulouse avait, en 1739, fixé le nombre de
têtes de bétail que chaque propriétaire aurait
la liberté de nourrir ; il avait pris pour base de
cette proportion la qualité du présage de
l'ancien compois. C'était un mode vicieux,
d'ailleurs inapplicable depuis la loi du
6 octobre 1791 qui prescrit en pareille matière
l'établissement de ce droit sur la contenance
des terrains et non pas sur le revenu, ni sur le
montant des impositions. En conséquence,
on décide à Garrigues que chaque propriétaire pourra tenir autant de fois cinq bêtes à
laine qu'il possède d'hectare de terre, et une
bête de labour par cinq hectares. C'était plus
qu'il n'en fallait. Mais à cette époque il restait
encore une grande quantité de terrains
devenus communaux depuis l'aliénation
volontaire, au profit de la communauté, des

biens que lui vendit le dernier seigneur, en 1711. — Le parcours, pour la dépaissance de ces deux genres de bestiaux, fut réglé par un même arrêté : un quartier était assigné au gros bétail, où le menu n'aurait aucun droit d'accès.

Un bois de chênes verts et de chênes blancs, situé au quartier dit *la Font dou seigne* (aujourd'hui la *Font dou bos)*, ancienne propriété seigneuriale vendue comme les autres en 1711, fut divisé en deux parts. Ce bois contenait soixante-deux hectares. L'une des deux parts serait soumise à des coupes régulières dont le produit servirait à l'acquittement des dettes et à l'augmentation des revenus communaux ; là, les habitants n'auraient d'autre liberté que celle de recueillir l'herbe et le bois mort ; tandis qu'on abandonnait l'autre part à leurs besoins. Dans tout le reste du territoire, celles des terres communales défrichées par les particuliers depuis 1793, leur seront vendues par estimation d'experts, les autres parties usurpées rentreront dans le domaine communal.

Malheureusement, aucune de ces sages prescriptions ne fut jamais mise en pratique : la licence prit bientôt le dessus. Aujourd'hui, il ne reste plus trace des bois ni des terrains communaux qui les portaient : la plus grande partie, peu à peu usurpée, défrichée fut mise en culture, sans que le sol ait acquis de cette transformation la moindre plus value, — au contraire. Quant à l'usurpateur, il se considère aujourd'hui comme régulièrement investi des parcelles usurpées, tout en laissant à la commune la charge d'en payer l'impôt. Cette situation n'est pas tolérable.

Quoiqu'il en soit, en 1806, un garde champêtre fut préposé à la surveillance des propriétés tant communales que particulières, et son traitement fixé à la somme de cent cinquante francs.

INSTRUCTION PRIMAIRE. — De son côté, l'Instruction publique s'organisait sous l'impulsion de Bonaparte reprenant les décrets de la Convention. Mais les communes rurales n'étaient pas riches. Celle de Garrigues, dans son budget de 1801, consacrait avec effort une misérable somme de cent vingt-cinq francs par an au traitement du maître d'école, dont la mission consistait à enseigner la lecture, l'écriture et le peu de calcul qu'il savait lui-même, aux enfants du village.

La classe se tenait dans le local du four banal, et c'est pourquoi, sans doute, jusque vers 1840, le *samedi*, jour de cuisson du pain, était resté jour de congé pour les élèves.

Plus tard, une indemnité de cinquante francs fut allouée à l'instituteur pour son logement ;

dès lors la classe se tint dans sa chambre ou dans sa cuisine. Tous les matins, chaque enfant était tenu d'apporter au pauvre magister une petite brassée de bois pour son pot-au-feu.

CULTES. — Les cultes se réorganisaient aussi. Avant la Révolution, un prieur-curé résidait à Garrigues, — nous l'avons déjà dit, — et n'avait à desservir que cette seule petite localité. Les non moins petites communautés de Ste-Eulalie, de Collorgues, d'Aubussargues et de Bourdic avaient également un prieur pour chacune d'elles. Le territoire français était ainsi tout couvert de prieurés. Or celui de Garrigues, comme chacun des autres sans doute, rapportait, à cette bienheureuse époque, un revenu de quinze cents livres à son titulaire ! (1) Bien que supportée aussi par les protestants, dont l'existence légale n'était pas alors reconnue, pareille somme constituait une charge écrasante pour les catholiques, d'ailleurs en très petit nombre. Le jour où ils se virent débarrassés d'un si lourd fardeau, la plupart de ces pauvres gens durent bénir la Révolution d'un tel bienfait. Ils semblent l'avoir oublié aujourd'hui.

Quand les cultes furent rétablis, ces trop

____

(1) *Registres municipaux*, mars 1816.

nombreux desservants avaient à peu près tous disparu depuis dix ans. On n'en conserva plus qu'un, celui de St-Chaptes, qu'on chargea en outre de desservir aussi Garrigues, mais sans que, pour ce surcroit d'attribution, il touchât la moindre indemnité. Il s'en dédommageait au moyen du produit des cérémonies du culte : funérailles, mariages, baptêmes, dont l'ensemble porte le nom de *casuel*. Cet état dura jusqu'à la rentrée des Bourbons.

Par sa délibération du 24 mars 1816, notre nouveau conseil municipal royaliste jugea bon d'indemniser le curé de St-Chaptes : il lui vota une subvention annuelle de cent francs. En même temps, il ajoutait au budget de la commune une somme de cent cinquante francs pour l'entretien de sa vieillé église. Mais le 31 août 1817, la municipalité revint sur cette décision : elle supprima l'indemnité, prétendant « que le curé de St-Chaptes ayant reçu » de sa majesté le Roi des bienfaits traduits » par une augmentation de traitement et que, » recevant en outre une indemnité de la part » de la commune de St-Chaptes, ces avantages, » joints à son *casuel*, le mettaient bien au- » dessus des craintes de manquer du » nécessaire. »

Plus tard, une nouvelle cure fut créée à Bourdic pour décharger celle de St-Chaptes. Depuis cette époque, l'église paroissiale de

Bourdic comprend quatre autres églises annexes : Garrigues, Ste-Eulalie, Aubussargues et Collorgues. Un seul desservant suffit à ces cinq localités, qui jadis en possédaient un pour chacune.

Le culte protestant, enfin reconnu par l'Etat, s'organisait aussi. En 1803, un Consistoire fut créé à St-Chaptes ; Simon Lombard, qui depuis longtemps habitait Garrigues, en fut nommé le président. Le ministère de cet ancien pasteur du Désert remontait à 1756. Simon Lombard s'était marié en 1767 à Uzès, avec une fille de la famille Malarte, propriétaire, depuis 1719, du château et, depuis 1792, de la maison claustrale (1) de Garrigues. Notre village, en sa qualité d'habituelle résidence du vieux pasteur, fut également choisi pour chef-lieu de l'Eglise consistoriale de St-Chaptes, divisée en trois sections. Mais, peu après, le titre de *chef-lieu* fit justement retour au bourg de St-Chaptes lui-même, plus central et plus important que Garrigues.

---

(1) La *Clastre*, comme son nom l'indique, servait, avant la Révolution, de demeure aux Prieurs. — Après la Révolution. cette maison tombée dans le domaine national fut acquise par un descendant de ce même Malarte que le prieur Abauzit avait fait emprisonner en 1730 (voir ci-avant p. 113). Elle est restée propriété de la famille Malarte-Lombard jusques en 1861, époque où la commune de Garrigues l'acheta, et, par une singulière ironie du sort, l'affecta à la demeure de son pasteur protestant.

Le Temple de Garrigues. — Comme toutes les communes de France depuis la révocation de l'Edit de Nantes, celle de Garrigues était dépourvue de temple. Les protestants du lieu, en 1812, demandèrent l'autorisation de relever de ses ruines celui que Louis XIV avait détruit en 1683. On leur en refusa la faveur sous le prétexte que cet ancien local, à l'usage d'un culte dissident, se trouvait *intra muros* et trop rapproché de l'église catholique.

En ce moment, l'Empire, autant pour se faire bien valoir de tous les partis que pour rétablir la paix entre eux, restituait aux catholiques les édifices nécessaires à leur culte, et distribuait aux protestants, en compensation de leurs temples confisqués ou rasés par Louis XIV, quelques-unes des innombrables églises inutilisées depuis la Révolution par le départ des congrégations religieuses. Essayant de mettre à profit ces dispositions du gouvernement, le consistoire de S¹-Chaptes sollicita, en faveur de la section dont Garrigues était le centre, l'occupation de la vieille église de ce village, fermée depuis 1793 et à peu près en ruines. Notre Conseil municipal, par 8 voix contre 3, appuya la requête du consistoire, mais ne fut point écouté.

Après ce double refus, on prit la résolution d'édifier un temple neuf, hors du village. Un des propriétaires aisés de la commune, le sieur Antoine Caboux, offrait gratuitement un emplacement situé sur le chemin de Garrigues à Aubussargues, au sommet d'une parcelle dite *la Grand-Terre* (1827). L'autorisation de l'y bâtir fut accordée dans les premiers jours du règne de Louis-Philippe.

Aussitôt, toute la population protestante, avec un zèle digne des temps passés, commença le transport des matériaux. Les maçons se mirent à l'œuvre. L'édifice s'éleva bientôt à deux mètres au-dessus de ses fondements; mais arrivé là, les fonds manquèrent pour pousser plus haut, et le temple resta longtemps encore à peu près à l'état de simple projet.

Les protestants se résignèrent donc à continuer la célébration de leur culte dans les granges, sous les hangars ou même en plein air, comme autrefois, au temps de la monarchie. Et cela dura 25 ans encore. Je me rappelle avoir vu, tous les dimanches, quand le culte se célébrait ailleurs qu'à Garrigues, le pasteur quittant sa résidence pour aller prêcher à Bourdic, à Aubussargues ou à Collorgues, suivi de la plupart de ses ouailles des quatre autres localités privées du culte ce jour-là. Les hommes, durant le trajet, se relevaient à tour de rôle pour transporter la chaire, celle-là même qui leur servait jadis au Désert. — Ce vénérable meuble, formé

d'un double X en bois, supportait vers sa base
un plateau où montait le prédicateur; une
barre transversale servait de siège à celui-ci
pendant le chant des psaumes et maintenait
à la fois les deux X dans une fixité relative.
Une draperie en serge noire, enveloppait
tout le système, donnant à ce léger échaf-
faudage une apparence presque convenable.

Il en fut ainsi, avons-nous dit, pendant
25 ans encore. En 1850, pourtant le temple
s'acheva.

Mais quand l'édifice fut complet, la municipalité, très fière de son œuvre, s'aperçut avec
douleur que l'aspect en était masqué du côté
du village, et que le public ne pouvait y
accéder que par l'étroit chemin de Garrigues
à Aubussargues, encaissé entre le château et
la haute muraille d'une *parran* qu'il fallait
contourner. — Heureusement le mal n'était
point sans remède.

La parran et son mur de clôture appartenaient au château. On eut l'idée de céder à
celui-ci la propriété du chemin communal et,
en juste compensation, de tailler dans la
parran même, après en avoir supprimé le mur
qui gênait la perspective, une large voie qu'on
planterait d'arbres et qui conduirait droit de
la place publique à la porte du temple. Avec
empressement l'échange fut accepté.

La commune y gagna une belle avenue pour
son monument religieux dès lors bien dégagé

et mis en vue, et le château, englobant dans son enceinte le chemin qui le longeait d'un bout à l'autre, put agrandir d'une ampleur considérable son entrée et sa cour. Mais, du coup, le vieux manoir perdit à cette heureuse adjonction le peu qui lui restait encore depuis 1830, de son antique physionomie féodale ; car pour s'annexer ce long bout de chemin public, le château dut abattre l'épaisse muraille de ses remparts du côté du midi. Avec elle disparurent son appareil guerrier, ses créneaux, ses meurtrières, et la tour carrée qui jadis défendait à droite l'entrée du castel et formait courtine avec le bastion de gauche, supprimé déjà bien avant cette époque.

L'inauguration religieuse du temple de Garrigues se fit en grande solennité. Un immense concours de peuple y vint de tous les points de la Gardonnenque, heureux d'assister à si nouvelle fête. Peu après, s'élevèrent aussi les temples de Bourdic et d'Aubussargues. Depuis lors la légère chaire portative du désert est remisée chez la famille Cabrière.

Mais le beau zèle, qui jadis entrainait vers les lieux de prières nos ardentes populations des bords du Gardon, paraît n'avoir été qu'une forme de protestation contre les persécutions inouïes des anciens jours ; depuis

que nous sommes en pleine possession de la
liberté de pratiquer, d'écrire et de croire, le
libre examen cantonne de plus en plus les
idées religieuses, les réduisant chez les uns en
une vague espérance céleste, les transformant
chez la plupart en idées de fraternité, de
tolérance, de bien-être, de progrès social. —
Les nouvelles générations oublient les dou-
loureuses luttes séculaires que soutinrent
leurs pères pour conquérir cette précieuse
liberté de conscience.

PÉRIODE DE 1815. — Après l'Empire, et
quinze ans avant l'époque où le règne de
Louis-Philippe devait ramener décidément la
sécurité pour les protestants du Midi, de
tristes jours s'étaient encore levés pour eux.

L'empereur Napoléon s'échappait de l'ile
d'Elbe. Afin d'arrêter sa marche rapide sur
Paris, une armée de volontaires royaux,
composée de *Miquelets* venus de Nîmes,
d'Avignon, de Montpellier même, s'était
formée sur les bords du Rhône, à la Palud,
de l'autre côté de Pont-Saint-Esprit, sous le
commandement du duc d'Angoulême ; mais
le prince, bientôt arrêté par l'enthousiasme
et le flot montant des troupes impériales, dut
capituler entre les mains du général Gilly qui,
de suite et généreusement, le fit embarquer
au port de Cette pour l'Angleterre.

Les volontaires royaux licenciés en même temps, devaient, d'après les termes de la capitulation de la Palud, s'en retourner chez eux et sans armes. La plupart se soumirent. Mais un groupe de Miquelets conserva les siennes. Pour revenir de Pont-Saint-Esprit à Nîmes, son pays d'origine, leur bande eut la malheureuse inspiration d'éviter la traversée d'Uzès, en passant par Montaren et Arpaillargues.

Pendant cette marche à travers champs et par des chemins détournés, l'alarme s'empara des paysans. Un homme du hameau d'Aureilhac vint crier à ceux d'Arpaillargues qu'une horde armée se dirigeait vers eux, pillant et dévastant sur son passage, — ce qui était faux ! Ce fatal mensonge, ou cette funeste erreur, eut des conséquences terribles.

11 Avril 1815. — Aussitôt, sans plus d'informations, les gens d'Arpaillargues munis de fourches et de fusils se portent à la rencontre des Miquelets qui, sommés de mettre bas les armes, refusent. Deux d'entre eux furent tués, l'un qui resta sur place ; l'autre qui, transporté à l'hôpital d'Uzès, y succomba.

Les Cent Jours. — Ces premiers troubles apaisés, un calme relatif régna pendant les

Cent jours. Les désordres ne recommencèrent qu'à la seconde rentrée des Bourbons, après la bataille de Waterloo. Aussitôt Uzès arbore le drapeau blanc ; les protestants, qui forment à peine le tiers de la population, sont menacés. Informée de ces dispositions agressives contre ses coreligionnaires, la Gardonnenque prend les armes ; les communes les plus rapprochées viennent camper sur le plateau d'Arpaillargues, attendant les autres. Le vénérable pasteur d'Uzès, M. Roux, intervenant, finit par obtenir un armistice. Mais deux gendarmes sont envoyés de la ville pour reconnaître le mouvement ; un garde-forestier, du nom de *Nicolas,* s'équipe aussi en gendarme et se joint à eux. Arrivés sur le pont d'Arpaillargues, un avant-poste protestant les arrête et amène les deux prisonniers au village. Mais Nicolas, pris pour un espion, reçoit une balle dans la tête.

Ce nouveau meurtre rallume la fureur des habitants d'Uzès, que sont venus renforcer deux mille volontaires royaux. Un massacre général menace les protestants. Mais ceux de la Gardonnenque, déjà réunis en masse sur le haut plateau d'Arpaillargues, ont décidé la marche sur Uzès. Le pasteur Roux une seconde fois revient, se jette aux pieds de ses coreligionnaires, pleure, supplie et parvient à les faire rebrousser chemin. Une conflagration terrible fut ainsi évitée. Le ministère

Villèle récompensa le dévouement du pasteur Roux par la croix de la Légion d'honneur.

Plusieurs arrestations suivirent le meurtre de Nicolas et des deux volontaires royaux. Parmi les 8 ou 9 accusés, se trouvait *Antoine Pénarier*, de GARRIGUES. Amenés à Nîmes, ils furent jugés le 15 juillet 1816. Les uns furent condamnés aux travaux forcés, les autres à la prison ; un seul fut acquitté, il était catholique. Quant à *Pénarier*, condamné à mort, il portait sa tête sur l'échafaud le 31 août suivant. Mais son innocence fut bientôt reconnue ; deux ans après, sa famille entendait la réhabilitation de l'infortuné.

A peine Louis XVIII était-il réinstallé aux Tuileries, que le fanatisme et l'émeute éclataient avec une force inouïe, portant dans toutes nos villes du Gard cette terreur que l'histoire a si justement qualifiée de *Terreur blanche*.

A Nîmes, TRESTAILLON immolait impunément les victimes de sa rage religieuse ; à Uzès, l'assassinat, l'incendie, le pillage, sévirent avec une égale violence : Graffan, surnommé *Quatretaillon* pour renchérir sur son modèle de Nîmes, fusillait par groupe de deux, au cri Vive le Roi, les protestants qu'il arrachait des prisons. Et ces fureurs se répercutèrent rapidement dans les moindres localités.

Nous trouvons, dans plusieurs manuscrits de l'époque, le récit détaillé des évènements dont notre village fut victime. — « Le » 28 juillet 1815, à l'heure d'environ midi, une » troupe de gens armés au nombre de trois à » quatre cents, les uns à cheval les autres à » pied, partie d'Uzès sous la conduite de » M. Baragnon est venue avec fureur investir » et remplir d'alarme la petite commune de » Garrigues. Cette troupe, toute composée de » Miquelets de Nîmes, d'Uzès, et des campa- » gnes des environs où les catholiques sont » les plus nombreux et le plus ouvertement » animés contre les protestants, venait, » disait-on, désarmer ceux de Garrigues..... »

Et en effet, cette courageuse cohorte, venant au nombre de trois ou quatre cents hommes, sous la conduite de Baragnon, enlever quelques fusils de chasse à une paisible population qui comptait exactement cent quarante-neuf protestants y compris les enfants et les femmes, se mit en devoir d'accomplir son œuvre. Les armes saisies furent envoyées à St-Chaptes. — Puis, sûrs de l'impunité, les bandits s'installèrent à table, insultant grossièrement les femmes contraintes de les servir. Toutes les maisons furent mises au pillage, les poulaillers ravagés, les armoires éventrées ; tout linge de corps se trouva bon à prendre ; on déroba au sieur Dizier dix louis d'or. Pendant ce temps, les chefs imposaient aux seuls protestants une contribution de trois cent trente-quatre francs, que la troupe se partagea.

La maison du vieux pasteur Simon Lombard, alors âgé de 77 ans, fut saccagée plus que les autres. Le vieillard venait de l'abandonner, se sauvant précipitamment dans les bois, trainant après lui ses deux petits-enfants. Les pillards se vengeaient ainsi de son fils, Joseph-Simon Lombard, alors greffier en chef du Tribunal civil d'Uzès, qui leur avait également échappé par la fuite. Et bien lui en avait pris, car ces fanatiques l'eussent certainement fusillé, comme ils venaient de fusiller, sur l'Esplanade d'Uzès, un de ses jeunes amis, son second commis-greffier nommé Ribot.

Mais la maison que possédait J.-S. Lombard, rue de la Triperie à Uzès, paya pour lui : elle fut entièrement dévastée. Tout ce que les bandits n'en purent emporter, ils le jetèrent par les fenêtres : les meubles rompus dans leur chûte furent transportés sur l'Esplanade et brûlés ; les glaces fixées aux murs, brisées à coup de crosse.

La raison d'un tel acharnement contre un honnête citoyen serait difficile à comprendre si l'on ne savait que ce fils du vieux pasteur de Garrigues, jurisconsulte instruit, intelligent, laborieux, avait reçu mission de l'Empereur de créer et d'installer à Uzès le greffe du

Tribunal civil, et que, cela fait, il en avait été nommé titulaire. Or, ce poste évidemment avantageux était convoité par le premier commis-greffier que J.-S. Lombard avait dès le début formé et placé auprès de lui. Ce commis, profitant des désordres de 1815 et de l'absence de son chef, s'installa spontanément à sa place, pendant que, témoin gênant, le second commis, emprisonné à Uzès, tombait sous les balles de Graffan. Et comme l'usurpateur du greffe craignait le retour de son bienfaiteur, il ameuta, contre le huguenot fugitif, la populace fanatique, le força de rester caché, de fuir et finalement le fit saisir à Anduze, d'où un détachement autrichien le conduisit aux prisons de Nîmes.

La captivité de J.-S. Lombard, arrêté sans mandat, sans la moindre forme juridique, dura plus de trois mois. Vaines restèrent les protestations du prisonnier, ses requêtes au Procureur du Roi, ses supplications pour être entendu. Il fallut une grave maladie, causée par tant de persécutions et d'injustices, pour le tirer de son cachot, car la mort de cet innocent, en de telles conditions, eût été un scandale. Le prisonnier moribond reçut enfin l'autorisation de se faire transférer chez des amis de Nîmes où sa convalescence fut longue.

— Puis la Justice ne s'occupa plus de lui que pour l'interner à Alais, pendant huit mois encore ! Mais son commis-greffier avait mis

le temps à profit pour se fortifier dans le poste
qu'il s'était attribué aux dépens de son chef.
Lorsque celui-ci put enfin protester, un
jugement rendu en 1817 par le Tribunal civil
d'Uzès le débouta de sa plainte et sanctionna
la criante usurpation du commis.

Quant au vieux père de J.-S. Lombard, il
avait été recueilli avec ses deux petits-enfants,
dans le château de Castelnau-Valence, par
M. Henri Boileau de Castelnau, qui déjà
avait offert un généreux asile à un autre
vieux pasteur, M. Fromental de S⋅-Chaptes.
Mme Fromental, restée chez elle, avait également vu envahir sa maison par les Miquelets.
Tout y fut mis au pillage. Un petit sac contenant sept à huit cents francs, produit des quêtes
au profit des pauvres dans les assemblées
religieuses, ne put échapper à leur rapacité,
malgré les protestations de la malheureuse
femme : « Cet argent est le bien des pauvres,
» s'écriait-elle ! — L'argent des pauvres est
» aussi bon que celui des riches, » lui répon-
dit-on cyniquement.

Mais notre village de Garrigues n'en avait
point encore fini avec les hordes de pillards.
Le 13 août suivant, une seconde bande venait
encore rançonner les protestants, exigeant
trois francs pour chacun des hommes qui la
composaient. Protégés dans leur exaction par

le nouveau maire, Romieu, de Ste-Eulalie (1) qui remplaçait l'honnête Lauront, et par le nouvel adjoint, Damon (2), de Garrigues, qui remplaçait Bouvier, les bandits emportèrent cette fois la somme de cent quatre-vingts francs imposée encore aux seuls protestants de la commune par billets signés de ces deux autorités.

Le 18 août, troisième apparition de ces sauvages. Ils rançonnent et pillent, comme les deux premières fois.

Enfin, le 29 août, ces malfaiteurs, toujours enhardis par l'impunité, envahissent une quatrième fois, au nombre de cinquante, le village désarmé. — Sous la conduite du maire marchant au nom du Roi, ils annoncent qu'ils viennent mettre le bon ordre à Garrigues, et, — toujours par billets signés de l'autorité municipale, — ils prennent gîte chez les protestants. La bayonnette au canon, ils se font servir à manger. Après quoi, ils exigent une nouvelle rançon de *mille* francs, sous menace de détruire de fond en comble toute maison rebelle à leur réquisition. Cependant, les protestants murmurent contre l'énormité de pareille imposition que rien ne justifie et

(1) Pour son malheur politique, la commune de Garrigues s'était vue annexer celle de Ste-Eulalie par un décret du 10 septembre 1814.

(2) Voir p. 97.

qui les atteint encore après trois autres, tout aussi illégales ; un semblant de résistance de leur part donne à réfléchir aux Miquelets. Ils se réunissent en conciliabule dans la maison de l'adjoint Damon, et finissent par réduire leurs prétentions à la somme de six cents francs. Il fallut bien la leur compter.

Malgré toutes ces violences, les protestants avaient eu le courage de célébrer leur culte chaque dimanche. Le 3 décembre, réunis dans une bergerie de Garrigues avec M. Fromental comme prédicateur, ils entendent tomber des pierres sur la toiture, et des voix proposant d'écraser le couvert sur la pieuse assemblée qu'elles qualifient *d'attroupement*.

Si l'on en croit les chroniques du temps, tous ces désordres, qu'il eût été si facile d'arrêter, avaient eu lieu avec le consentement tacite du sous-préfet, M. d'Arnaud-Valabrix ; on disait même que les six victimes extraites des prisons d'Uzès auraient été fusillées sous les yeux impassibles de ce représentant de l'Etat, dont la demeure en effet était alors située sur l'Esplanade.

Mais passèrent enfin les mauvais jours et tout rentra dans l'ordre quand, sur les conseils de modération du duc Decazes,

Louis XVIII ordonna la répression de la plupart des crimes commis dans le Midi. La mémoire du malheureux *Pénarier,* de Garrigues, faussement accusé de participation au meurtre commis près du moulin d'Arpaillargues, et guillotiné peu après, reçut une juste réparation : une pension, reversible sur la tête de ses enfants, fut accordée à la veuve de l'innocent. Quant à J.-S. Lombard, si audacieusement dépouillé de sa charge de grefffier en chef près le Tribunal civil d'Uzès, il fut élevé au poste, bien difficile à cette époque, de Juge d'Instruction au Tribunal civil de Nîmes. — Déjà, en octobre 1818, en sa qualité de propriétaire à Garrigues, il avait été nommé maire de cette commune en remplacement de Romieu, révoqué, tandis que Lauront, ancien maire en 1814, devenait son adjoint à la place de Damon, révoqué aussi. A la suite de ce revirement imprévu, on eut pu craindre à Garrigues les représailles du parti remonté au pouvoir : il n'en fut rien. Cette période au contraire doit être citée comme la plus calme qu'ait traversé la population mixte du village depuis la Révolution. Nul ne s'y vit inquiéter.

Etat des Chemins publics. — Le nouveau Conseil municipal rétablit l'ordre dans les finances de la commune ; l'entretien des chemins eut une large part au budget. Les voies publiques d'ailleurs étaient partout dans un état indescriptible. Pour aller vendre leurs blés et leurs grains au marché d'Uzès, qui se tenait et se tient encore le samedi matin à 11 heures, nos paysans devaient partir de Garrigues dès la veille, dans l'après-midi. Leurs chars à bœufs parfois enfonçaient jusqu'au bouton des roues en des ornières de plus d'un mètre de profondeur, et dès lors ne roulaient plus que sur les moyeux, qu'on établissait très gros et d'une longueur excessive, justement pour éviter le complet embourbement du véhicule. Arrivés le soir au village d'Arpaillargues, c'est-à-dire à moitié chemin d'Uzès, bêtes et gens couchaient là, en repartaient le lendemain d'assez bonne heure et entraient enfin en ville au moment juste où s'ouvrait le marché, ayant ainsi employé plus de seize heures pour accomplir un trajet de 9 kilomètres que nos charrettes franchissent aujourd'hui en huit fois moins de temps.

ETAT DE L'AGRICULTURE. — Au reste, ces pauvres gens n'avaient pas souvent l'occasion d'entreprendre un tel voyage, avec pareille charge : le blé-froment était denrée rare chez eux ; les meilleures terres rapportaient à peine cinq fois la semence. La petite araire, telle que nous l'ont transmise les Romains, sans le moindre perfectionnement scientifique à travers tant de siècles de troubles et d'ignorance, constituait encore leur meilleur instrument de labour.

Ainsi superficiellement cultivées, les terres ne pouvaient nourrir que des grains de qualité inférieure, comme l'orge et l'épeautre. Une grande quantité de terrain restait en friche. On ne récoltait presque pas de vin, car, planter la vigne était autrefois défendu, à moins d'une autorisation expresse du gouverneur de la province, qui d'ailleurs l'accordait rarement et seulement sur un rapport d'expert déclarant impropre à toute autre culture la parcelle destinée à ce genre de produit. On redoutait alors en effet les années de famine : la pomme de terre ne s'introduisit que lentement dans nos pays, où le topinambour en tenait lieu mais la remplaçait mal.

Une réglementation, que nous ne tolérerions pas aujourd'hui, soumettait l'époque des vendanges à la volonté du maire : en 1805, par exemple, un arrêté municipal fixe l'ouverture de la cueillette du raisin au 15 vendémiaire (5 octobre), et la clôture quinze jours après; en 1816, le ban des vendanges les fixait au 16 octobre, sous peine d'amende et de confiscation du raisin.

Cette réglementation surannée remontait à la féodalité. Elle avait primitivement pour

but de faciliter au seigneur le prélèvement de
son droit et son contrôle sur la quantité de
vendange recueillie par ses vassaux, en
déterminant, sous les peines les plus sévères,
le moment où devait commencer et finir la
récolte.

En octobre 1794, la Constituante déclara
chaque propriétaire libre de faire ses vendanges quand bon lui semblerait. Néanmoins, le
vieil usage du *ban* survécut encore assez
longtemps, mais n'ayant plus alors d'autre
but que d'assurer la parfaite maturité du
raisin.

La récolte de la soie faisait, à peu près
seule, rentrer quelque argent dans nos
villages.

L'agriculture se transforma quand les voies
de transport s'améliorèrent et surtout quand
la savante charrue Dombasle, attelée de
plusieurs animaux de trait, permit enfin
d'effectuer les labours profonds qu'on n'obte-
nait autrefois qu'à bras d'hommes.

Le règne de Louis-Philippe Ier fut particulièrement favorable à notre agriculture. Les
vieillards de la région ne l'ont point oublié.
J'eus souvent l'occasion d'entendre l'expres-
sion de leurs regrets à propos de ce temps
passé dans la paix et l'abondance.

Mais avec la Révolution de février 1848
arrivèrent d'immenses et nombreux mé-
comptes financiers dont les effets se réper-

cutèrent sur le prix des produits agricoles : le blé, la soie surtout furent atteints grièvement et tombèrent à si bas prix que la prospérité d'antan fléchit. La gêne se fit lourdement sentir.

SOCIÉTÉS SECRÈTES. — Les sourdes menées de Louis-Napoléon pour remonter sur le trône de son oncle suscitèrent dans la Gardonnenque, comme dans tout le Midi, la formation de *Sociétés secrètes* dont le but était de s'opposer par la force au complot du Prétendant. La *Société des Montagnards* étendait ses ramifications dans les moindres villages.

La mairie de Garrigues avait alors à sa tête un lieutenant-colonel en retraite sur l'énergie duquel comptaient les républicains pour mener quelques bataillons de paysans au combat. Une crise de rhumatismes retint chez lui le vieux guerrier à l'heure même où éclatait l'insurrection.

Dans la nuit du 4 au 5 décembre 1851, toute la Gardonnenque partit, plus ou moins mal armée de fourches, de fusils de chasse et de faux, se donnant rendez-vous sur le plateau, dit *Le Plan de la Fougasse*, entre Nîmes et La Calmette. Mais à peine les diverses troupes des conjurés étaient elles réunies, qu'un émissaire affilié, mandé de

Nîmes, vint les informer de l'inanité de leurs efforts contre les préparatifs que le gouvernement, depuis longtemps prévenu, faisait ostensiblement pour recevoir leurs bandes mal disciplinées : toute la garnison de Nîmes était, disait-on, sous les armes et les canons braqués. Sauve qui peut ! chacun s'enfuit à travers champs, coupant au plus court pour regagner son gîte.

Le Coup d'Etat triomphant se vengea lourdement sur les chefs de la trop tardive et inoffensive insurrection. Par décret du 8 décembre le département du Gard fut mis en état de siège. Ce fut une sombre époque, pour les villes aussi bien pour les campagnes terrorisées. Dans les villages, on recevait la fréquente visite des troupes de ligne venues d'Uzès comme en promenade militaire. — Un jour, sur la place de Garrigues, un commandant fit halte et prononça, devant les habitants attirés par la simple curiosité, une allocution si menaçante qu'un brave et naïf villageois ne put s'empêcher de lui répondre que « Garrigues n'est point un pays de « malfaiteurs. » Le malheureux, s'enfuit à temps pour échapper au sabre aussitôt levé sur sa tête.

Situation actuelle. — Mais enfin le calme revint dans les campagnes : la politique n'était guère encore le fait des paysans, la presse était baillonnée, chacun ne songea plus qu'à l'agriculture.

L'établissement des chemins de fer, déjà commencé sous Louis-Philippe, prit, sous l'Empire, une extension considérable; la ligne de Paris-Lyon-Méditerranée se compléta. Un vaste et rapide débouché s'offrait aux vins du Midi. Les plantations se multiplièrent. Mais tout à coup fondit sur le riant vignoble un parasite végétal jusqu'alors inconnu en France. Il venait d'Amérique : l'*Oïdium*, dès le printemps, s'épandait sur les pampres sous forme de poussière grise ; à l'automne il gagnait les grappes entières, détruisait tout. La vigne ne put résister à cette violente attaque ; elle succomba peu avant la découverte des effets salutaires du soufre.

Nous voilà donc encore réduits à la culture des céréales et de la soie. Cette dernière battait aussi de l'aile : le ver à soie, atteint à son tour par une maladie, qu'on nomma la *Pébrine*, n'avait plus la force de former son cocon. Après tous les frais exposés pour cette délicate récolte, le paysan se voyait tout à coup déçu de ses espérances. — Courageusement il se procura des espèces encore saines venues d'Italie, des provinces britanniques, et enfin de Chine et du Japon, qui remplacèrent pour un temps nos belles soies françaises. Malgré cet effort, la production baissait toujours. Les traités de libre échange, ouvrant aux soies étrangères le chemin de la France, portèrent le dernier coup à la production méridionale. En vain les savants procédés du célèbre Pasteur enrayèrent-ils la maladie du précieux insecte par la sélection des sujets reproducteurs contaminés, la prospérité de cette culture qui, depuis Henri IV était le principal élément de notre fortune agricole, disparut insensiblement.

Une ère nouvelle semblait pourtant s'ouvrir après la pénible reconstitution de notre vignoble et avec la vente rénumératrice de ses produits, mais, comme un coup de foudre, survint la terrible invasion du *Phylloxera vastatrix*, également importé d'Amérique. Tout fut détruit en peu de temps.

DÉPOPULATION. — Dès lors la difficulté de vivre dans nos campagnes, coïncidant avec la multiplication des voies ferrées et des routes et la création incessante des bureaux de postes, tous desservis par un très nombreux personnel, détermina les jeunes gens à émigrer vers la ville, à s'employer dans les fonctions salariées de l'Etat. La dépopulation commença ; les nombreuses familles d'autrefois décrurent rapidement. Le sort de l'agriculture, dans nos pays qui ne sont pas favorisés d'un sol à grands rendements, est sérieusement menacé par le manque de bras et sa conséquence fatale, la cherté croissante de la main-d'œuvre.

Un moyen d'enrayer l'émigration des jeunes gens se trouverait peut-être dans la création de *Caisses de Retraite* : la perspective d'une vieillesse à l'abri du besoin retiendrait sans nul doute un certain nombre d'entre eux, mais la ville exerce un si grand attrait !

L'instruction a réalisé des progrès très sensibles durant le XIX⁰ siècle : chacun sait lire, écrire, tenir ses comptes; une petite bibliothèque scolaire a été fondée; un certain bien-être s'est introduit parmi ceux de nos paysans, toujours régis par une sage économie, qui ont pu résister à tant de fléaux agricoles et su profiter des leçons de la science en utilisant les engrais chimiques qui élèvent la puissance productrice du sol.

La trop longue période du second empire s'écoula sans laisser dans notre paisible village d'autres souvenirs.

Deux œuvres de la plus haute importance pour la commune étaient pourtant réclamées avec une grande et juste insistance. Elles ne furent exécutées que sous la troisième République.

1873. — Création d'un nouveau Cimetière.
— L'antique cimetière, autrefois englobé dans l'enceinte même du château et entourant sa petite chapelle, remontait, nous l'avons dit au début de cette histoire, à l'époque des Wisigoths.

Réduit depuis un temps immémorial au faible espace que les fidèles sont encore obligés de traverser pour accéder à l'église où se célèbre le culte une fois par mois, l'étroit emplacement réservé aux inhumations présentait mille inconvénients : toujours le même depuis quatorze ou quinze siècles, il restait un danger permanent pour la salubrité publique, et chaque inhumation nouvelle, en mettant à découvert des restes à peine décomposés, donnait lieu à des scènes lamentables. — Les protestants, eux, n'avaient jamais eu de lieu spécial de repos pour recevoir leurs morts : ils les enterraient dans leurs propres maisons ou en plein champ.

Le hameau de Ste-Eulalie, annexé depuis 1814 à la commune, se trouvait dans une situation identique.

Depuis longtemps l'urgence se faisait sentir de remédier à pareil état de choses.

La création d'un cimetière, remplissant économiquement les conditions d'hygiène, et à la fois de dimensions assez grandes pour les besoins des deux cultes, s'imposait. Elle fut enfin résolue en 1872.

Après bien des hésitations, des tatonnements, et malgré la vive opposition de quelques fanatiques qui prétendaient, même étant morts, ne point perdre de vue le clocher de leur église, on fit choix d'un terrain situé à égale distance des deux centres de population et commun à tous.

Les convois funèbres, qu'ils viennent de Garrigues ou du hameau de Sᵗᵉ-Eulalie, n'ont à parcourir de chaque côté qu'une distance de 7 à 800 mètres.

1888. — CRÉATION DE FONTAINES PUBLIQUES. — Depuis plus de cent ans aussi, les Conseils municipaux qui se sont succédé à Garrigues se préoccupaient du manque d eau potable pendant les longues chaleurs de l'été. En effet, un seul puits public, situé assez loin du village et décoré du nom de *Font,* tarissait quelquefois ou ne fournissait plus qu'un peu d'eau bourbeuse qu'on était obligé d'aller recueillir au fond du puits au moyen d'une échelle ; pendant la période laborieuse des semailles d'automne les laboureurs se voyaient contraints d'aller péniblement abreuver leurs bestiaux à la rivière de Bourdic distante de plus d'un kilomètre de Garrigues. Tous se plaignaient et réclamaient.

Or, il existe à 1,800 mètres au nord et située à une altitude de plus de 60 mètres au-dessus du village, une petite source, ancienne propriété féodale, de tout temps connue sous le nom de *Font dou segne* (fontaine du seigneur), et que la communauté avait, en 1711, achetée du dernier seigneur de Garrigues. Cette propriété devenue communale, porte de nos jours le nom de *Font dou bos* (fontaine du bois) parce qu'elle sourd près des sommets autrefois boisés de la garrigue. Son eau, suffisamment abondante et d'excellente qualité, est d'un débit constant.

Tous les maires, depuis un siècle, étaient sollicités par une population altérée de capter ce filet d'eau et de l'amener au village. Mais les uns, par crainte d'une trop lourde dépense qui grèverait le pays d'une dette importante, les autres, par ennui d'augmenter ainsi leurs propres contributions, avaient reculé. Cependant nos villageois persistaient. On fit appel à notre bonne volonté. J'acceptai l'administration municipale dans ces circonstances.

Après trois années d'études, de plans, de devis, on se mit à l'œuvre, et bientôt la population charmée vit jaillir sur deux de ses places publiques une eau pure, sinon fraîche mais salutaire. — La commune a mis dix ans à couvrir la dépense au moyen d'une légère augmentation d'impôt, dont nul ne s'est plaint devant le résultat acquis.

Mairie; Maison d'école. — A peu près à cette même époque, et comme suite aux travaux de la Fontaine, fut également entreprise la transformation de la Mairie et de la Maison d'école.

Nous avons eu déjà l'occasion de dire que les consuls, aux siècles précédents, tenaient leurs assemblées dans le local qui précède le four banal. Après la Révolution française, cette patriarcale mais incommode coutume dura quelques années encore; puis le Maire, et son Conseil municipal transférèrent le siège de leurs délibérations chez le maître d'école, qui fut investi en même temps des fonctions de secrétaire et de la garde des archives. Celles-ci alors tenaient à l'aise dans un tiroir.

Pourtant, la nécessité d'un local plus indépendant et digne ne tarda pas à se faire sentir. Un maire avait su mettre à profit l'occasion d'acquérir un immeuble situé dans un quartier neuf du village, près des aires communales. L'assemblée s'y transporta; l'instituteur et le garde champêtre y trouvèrent aussi un modeste logis. Ce fut un gain pour le budget communal.

Mais quand survinrent les nouvelles lois édictées par la troisième République en faveur de l'instruction primaire et que, par toute la France, villes et villages se piquèrent d'émulation pour doter maîtres et enfants de maisons d'école attrayantes et conformes aux lois de l'hygiène, Garrigues suivit le mouvement. L'humble maison qui, depuis une trentaine d'années servait d'école et de mairie, avait d'ailleurs besoin de sérieuses réparations. On profita de cette circonstance pour la consolider, l'augmenter, y créer une grande salle de classe à plafond surélevé, aménagée en un mot selon les prescriptions légales. Elle fut ensuite flanquée d'un double préau pris sur une parcelle du terrain communal voisin. Le gouvernement de la République vint en aide à la commune pour lui faciliter restauration et agrandissement. Outre un logement très convenablement aménagé pour l'instituteur et sa famille, le conseil municipal y trouva une salle spéciale à ses séances comme à toutes les attributions de la mairie. Ainsi distribuée aujourd'hui, la *maison commune* présente un aspect d'autant plus gai qu'elle fait face à la petite fontaine humblement monumentale, surmontée d'un triton en bronze, dont les eaux coulent dans un gracieux bassin octogonal.

FÊTES ET JEUX PUBLICS. — Une vaste place publique, plantée d'arbres à la même époque, fait suite à la fontaine et sert aux jeux et aux fêtes que se donne l'heureuse jeunesse du pays.

Fontaine, École et Mairie de Garrigues.

Les fêtes ne sont pas nombreuses dans nos sobres villages de la Gardonnenque, mais il en est deux qu'on y célèbre très exactement chaque année, le 1ᵉʳ mai et dans le courant du mois d'août.

Leur origine est inconnue, mais les dates choisies pour leur célébration paraissent les faire remonter toutes les deux à une antiquité très reculée.

La première, ayant lieu le premier dimanche de mai, n'est évidemment que la tradition des fêtes païennes de Maïa, solennisant le renouveau de la nature, le retour du printemps.

Dès la veille, la jeunesse s'est transportée sur les bords du Gardon pour y cueillir un peuplier de haute taille. On l'apporte de nuit au village, on le dépouille de ses branches jusqu'au sommet qui reste surmonté d'un bouquet de feuillage et orné d'une couronne largement enrubannée. Une grande et lourde pierre, en forme de meule de moulin et munie d'une cavité centrale, reçoit le pied de l'arbre. Solidement assujettie par cette forte base, la haute colonne est hissée debout, et sa tête domine joyeusement tous les environs. C'est le *Mai,* emblème de la force et de la grâce dans la nature. Mais il y a aussi l'amour, que notre galante jeunesse ne saurait oublier. Hommage lui sera fidèlement rendu : chaque jeune fille, en s'éveillant dès l'aube, voit une branche de peuplier, dépouille de l'arbre de *Mai*, discrètement appendue à sa fenêtre durant la nuit par son *(galant)* amoureux.

Les aubades commencent ensuite, suivies d'une quête où l'on ne reçoit que des œufs. Ils serviront à confectionner pour le repas du soir, qui clôturera la fête, une pantagruélique omelette arrosée de vin blanc.

Les danses durent toute l'après-midi. Elles sont devenues aujourd'hui une occasion pour les jeunes filles d'étaler leurs fraiches toilettes de printemps, suivant de fort près et avec beaucoup de goût les exigences de la mode urbaine bien que confectionnées par des artistes du crû. — Il faut bien convenir qu'il existait jadis plus de simplicité dans nos campagnes : le traditionnel costume languedocien a persisté jusque vers le milieu du siècle dernier, mais tout se nivèle et se modernise aujourd'hui : le gracieux mais banal chapeau des villes a remplacé la modeste coiffe en lingerie blanche, la légère mousseline s'est substituée à la solide et inusable robe d'indienne dont savaient se contenter nos jeunes paysannes d'autrefois.

Le principal organe de ces fêtes, je veux dire le musicien, a subi hélas ! lui aussi, et presque en même temps, la même transformation radicale. De temps immémorial, nos villageois dansaient aux sons du hautbois, vigoureusement cadencés par le

tapageur et sautillant tambourin. C'était
rustique, entrainant, plein de couleur locale :
pas une mesure n'était perdue quelle que fut
l'étendue du bal. — Depuis longues années
déjà, cet orchestre champêtre, remplacé par
des cuivres aux sons plus éclatants et plus
en harmonie, dit-on, avec le luxe nouveau des
toilettes féminines, ne se fait plus entendre
dans nos réjouissances publiques. Il est
définitivement proscrit du pays tout entier.

La seconde de nos fêtes, qu'on appelle la
fête votive, comporterait, semble-t-il, une
origine plutôt chrétienne si le *votum* (le vœu,
la vote) qui la qualifie, n'exhalait tout aussi bien
que la précédente, un parfum d'antique
idolâtrie romaine. L'homme renonce difficilement à ses superstitions, à ses vieilles
traditions. C'est en vain que le troisième
concile de Tolède, où furent représentés tous
les évêques de la Septimanie wisigothe,
interdit en 589 l'usage profane des danses
et des chansons pour célébrer les fêtes des
Saints : danses et chansons n'en persistèrent
pas moins. Seulement ce fut dès lors en
exécution d'un vœu, sinon en l'honneur d'un
Saint, qu'elles se produisirent. Mais le mal, si
mal il y a, venait de plus haut, et je pense au
contraire que notre fête du mois d'août, —
dite *votive* on ne sait plus aujourd'hui pourquoi, — est la plus logique, la plus juste, la
mieux placée de toutes les fêtes. Elle célèbre

en grande pompe la fin de l'année agricole, le terme des grands et pénibles travaux de la moisson et de l'été. C'est la fête du paysan qui se donne quelques jours de repos et de joie avant de recommencer le cycle de son dur labeur; c'est la fête qui, dans le poétique calendrier républicain, couronne, par cinq jours de réjouissances, « les soins, les fatigues et l'industrie de l'homme laborieux. »

Chaque village de la Gardonnenque célèbre *sa vote* avec entrain. Afin d'attirer chez lui le plus d'étrangers possible, il évite d'un commun accord toute coïncidence avec la fête des localités voisines. Chacun s'efforce de faire honneur à ses hôtes.

Tout est prêt dès le samedi soir. La jeunesse revient d'Uzès, *la ville*, amenant trois, quelquefois quatre musiciens dont les cuivres feront bientôt retentir les échos du village : elle apporte les prix des divers concours qui doivent cloturer les réjouissances : ils sont arborés et pendent autour d'une couronne enguirlandée, fièrement portée sur une longue hampe qui les expose à tous les yeux : une écharpe de soie à glands dorés pour le vainqueur de la *course*, un foulard de soie destiné à l'antique jeu des *trois sauts*, une bride et quelques rubans.

Sur les onze heures de la nuit s'ouvre la fête. Les musiciens, conduits par les organisateurs, les *abas* de la vote (les abbés, les chefs), la boutonnière décorée de rubans qui leur servent d'insigne, s'arrêtent devant chaque demeure, sous chaque chambre où repose une fille de la maison, et, après un discret avertissement, jouent en son honneur une courte sérénade. Autrefois le petit air de musique était accompagné d'un couplet :

> Réveillez-vous, belle endormie,
> Réveillez-vous, si vous dormez....

La poésie languedocienne conserve une jolie collection de ces chants à la belle étoile qu'on appelait des *réveillés*.

Au lendemain, nouvelle visite à chaque ménage. La musique escorte l'un des *abas* porteur d'un grand plateau ou s'étale la traditionnelle *fougasse* à la croûte dorée ; il en offre une part aux maîtres de la maison, souvenir oublié de quelque antique usage : agape fraternelle, offrande aux Dieux lares, on ne sait.... — En échange d'une telle politesse, qui ne saurait être gratuite, il est répondu par le dépôt d'une pièce blanche tombant dans un second plateau, qui l'attend, garni lui-même de beaucoup de pièces d'or comme signe tangible de la richesse du pays et peut-être aussi comme amorce à la générosité des offrants. — Un nouveau petit air de musique termine la courte cérémonie, et le cortège reprend ses visites, n'oubliant aucune demeure, partout bien accueilli.

Les danses, malgré des torrents de chaleur, commencent en pleine après-midi. Une longue farandole, parcourant toutes les rues du village, y prélude. La farandole, on le sait, est tradition grecque localisée en Provence et dans le Languedoc. Les nombreux méandres, que trace en sautant et courant en cadence la longue chaine des danseurs réunis par la main, a la prétention de rappeler les entrelacs du labyrinthe de Crête et de consacrer la victoire de Thésée sur le Minotaure. Mais nos jeunes gars, nullement préoccupés de ces vieux souvenirs, ont hâte de rejoindre les compagnes qui les attendent en groupes impatients autour de la fontaine.

Un quadrille, suivi d'une longue valse, jadis ouvrait le bal. La valse a survécu, mais depuis longtemps le quadrille est à peu près abandonné, remplacé par les nouvelles danses de salon, dites *de caractère*, polka, mazurka, schottisch, et c'est grand dommage, en vérité, car les figures si nombreuses et si variées du quadrille, dansées à l'ancienne mode, étaient une occasion pour les jeunes filles de déployer leurs grâces et pour les jeunes gens toute leur agilité : ailes de pigeons, entrechats, jetés-battus, pirouettes et saluts, tout le vieux répertoire classique, aujourd'hui bien oublié, faisaient grandement ressortir la souplesse et la vigueur de nos robustes villageois. — Abandonnée aussi depuis plus d'un demi siècle l'interminable et pittoresque *barandelle* qui généralement clôturait le bal sur les dix heures du soir. Je n'ai jamais vu exécuter cette danse qu'à Garrigues. Entrainé par le rapide cliquetis du sonore tambourin accompagnant à grand bruit les phrases vives et sautillantes du hautbois, chaque couple, se saisissant par les mains, parcourait à grandes enjambées un ou deux tours de piste, comme pour prendre élan ; puis, tout à coup, d'un geste vigoureux et prompt, le cavalier enlevait au-dessus de sa tête la jeune fille qui se maintenait en l'air, les bras raides et les poignets réunis dans les mains de son danseur. Celui-ci l'emportait ainsi, comme en triomphe (enlèvement des Sabines), dominant tout le bal de toute la hauteur de son buste pour la laisser enfin retomber bondissant lestement sur ses pieds. Et la même figure se reproduisait avec le même entrain jusqu'à extinction de souffle du hautbois et des forces des danseurs. Tout cela est perdu sans retour.

Aujourd'hui, comme autrefois d'ailleurs, les danses continuent pendant trois jours, avec un nombreux concours d'étrangers et de voisins, au milieu des boutiques en toile de quelques marchands forains où les enfants tentent la fortune à la roulette gagnant des verres à boire *(go)* remplis de pralines rouges plus ou moins plâtrées, pendant que les hommes se disputent au jeu de quilles un triste mouton enrubanné qui servira, le dimanche suivant, de plat de résistance dans un grand festival commun.

Enfin, durant l'après-midi du quatrième jour, s'ouvre la série des jeux qu'on pourrait qualifier d'olympiques : *Course d'hommes*, quelquefois suivie d'une course de *jeunes garçons* ou même *de filles* ; les *trois-sauts* et la course, à peu près sans intérêt, de quelques malheureux chevaux de labour. Cette dernière partie du programme était jadis remplacée par une grande *lutte d'hommes*, et constituait un des plus vifs attraits de la fête. On venait de loin pour contempler les athlètes. Nos populations apportaient à ce spectacle le même intérêt passionné qu'aux temps des Grecs, de qui nous venait ce goût classique. Les lutteurs les plus en renom provenaient de la côte du Rhône et surtout du village de Montfrin. Le prix attribué au vainqueur atteignait parfois, dans certaines riches localités, jusqu'à trois cents francs ; à Garrigues, il ne dépassait pas cinquante. Cet usage ne subsiste plus guère encore qu'en la ville d'Uzès.

Quelques localités des environs ont bien essayé de substituer aux luttes d'hommes la violente course de taureaux, mais ce genre espagnol entre difficilement dans les goûts de la Gardonnenque.

Je viens de retracer, un peu trop longuement sans doute, l'histoire et les anciens usages d'un coin de terre où l'on peut trouver la caractéristique de l'esprit qui anime toute la vallée du Gardon : solidarité, — nous l'avons constaté dès le XIII⁰ siècle et en 1815: esprit ouvert à toutes les idées larges et libérales ; ténacité dans les croyances — c'est le pays de France où la Réforme valut à ses adeptes les plus terribles persécutions ; — aujourd'hui, transformation des idées religieuses en un sentiment de philanthropie sociale ; mœurs simples et douces, sobriété, ardeur au travail. Puissent tant de qualités se poursuivre à travers le temps et perpétuer le bonheur et la joie dans notre PETIT VILLAGE.

TABLEAU GÉNÉALOGIQUE DES SEIGNEURS DE GARRIGUES

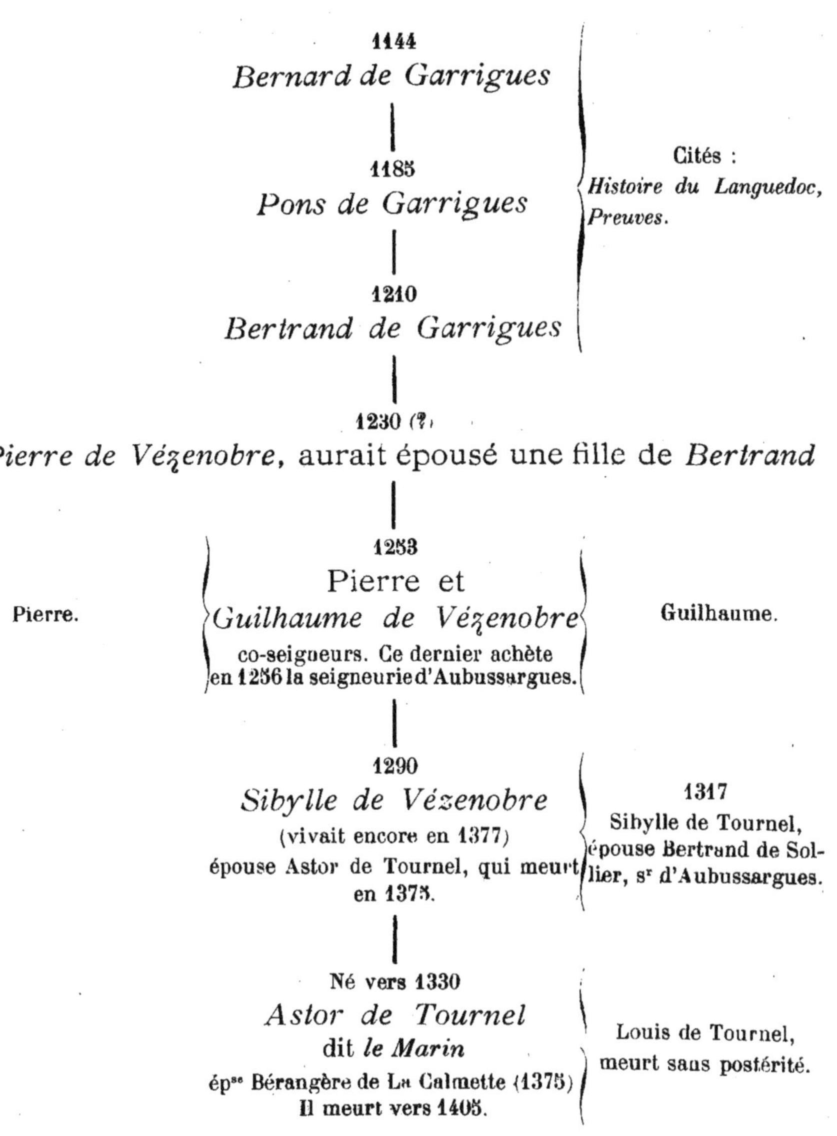

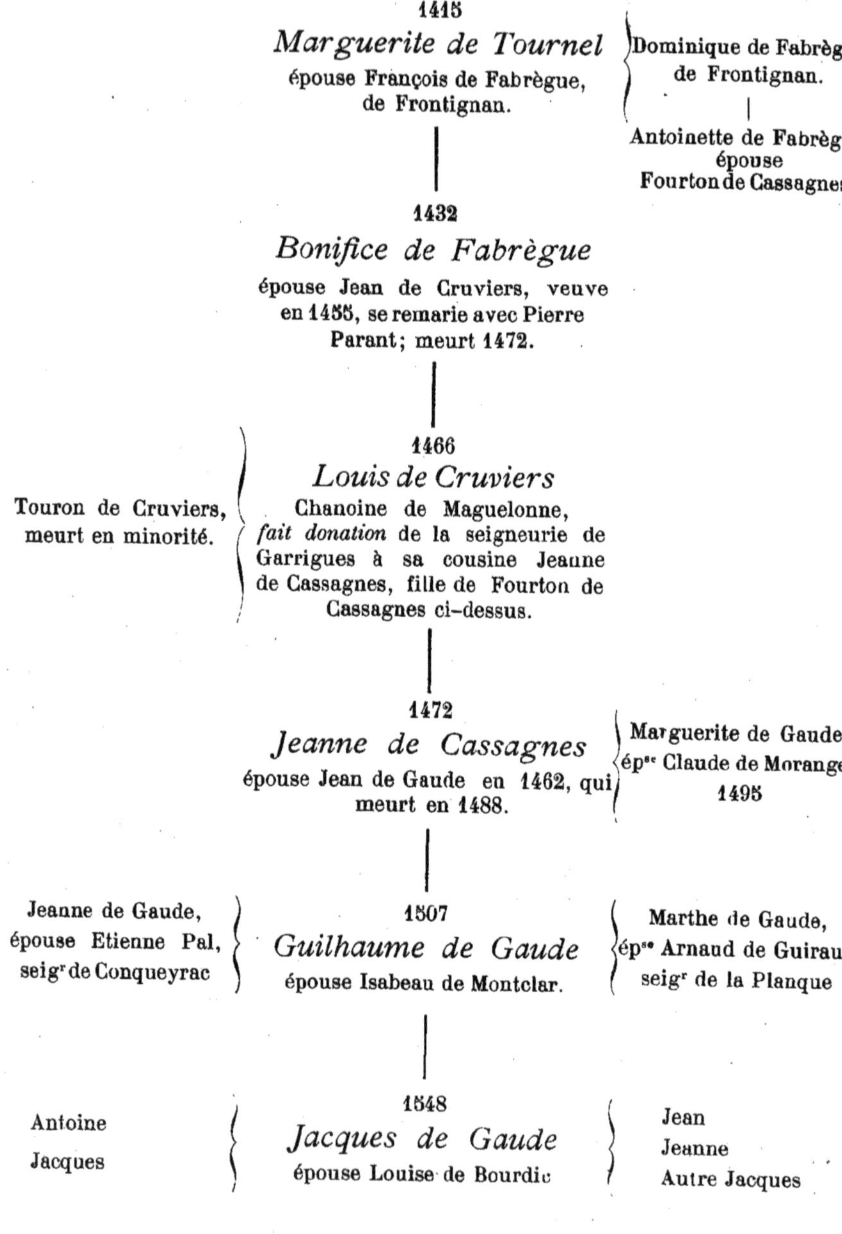

1415

Marguerite de Tournel

épouse François de Fabrègue,
de Frontignan.

Dominique de Fabrègue
de Frontignan.

Antoinette de Fabrègue
épouse
Fourton de Cassagnes.

1432

Boniface de Fabrègue

épouse Jean de Cruviers, veuve
en 1455, se remarie avec Pierre
Parant; meurt 1472.

Touron de Cruviers,
meurt en minorité.

1466

Louis de Cruviers

Chanoine de Maguelonne,
fait donation de la seigneurie de
Garrigues à sa cousine Jeanne
de Cassagnes, fille de Fourton de
Cassagnes ci-dessus.

1472

Jeanne de Cassagnes

épouse Jean de Gaude en 1462, qui
meurt en 1488.

Marguerite de Gaude,
épse Claude de Moranges
1495

Jeanne de Gaude,
épouse Etienne Pal,
seigr de Conqueyrac

1507

Guilhaume de Gaude

épouse Isabeau de Montclar.

Marthe de Gaude,
épse Arnaud de Guiraud
seigr de la Planque

Antoine

Jacques

1548

Jacques de Gaude

épouse Louise de Bourdic

Jean

Jeanne

Autre Jacques

1590
Pierre de Gaude
épouse Françoise de Vergèze.

Jacques de Gaude,
seigneur de Privadière.

1615
Claude de Gaude
épouse Claude d'Astier.

François de Gaude,
meurt sur mer en 1655.

1659
Louise de Gaude, sœur de François,
épouse un sieur de Bazan.

1690 ?

Philippe de Gaude-Bazan
épouse Michel Vincent,
qui vend le château de Garrigues
à *Antoine MALARTE*,
bourgeois de la ville d'Uzès. (1719)

NOMENCLATURE
DES PRINCIPALES FAMILLES DE GARRIGUES
au milieu du XIII siècle (1253)

Pierre et Guilhaume de Vézénobre, co-seigneurs

Baumelle Reymond (1)
Blanc Pierre
Bouvier Guilhaume
Bouvier Reymond
Bramond Pierre
Brunel Jean
Brunel Jean
Brunel Pierre
Brunel Reymond
Buisson Pierre
De Cardelle Pierre
Charlaud Pierre
Colombard Guilhaume
Colombard Jean
Colombard Pierre
De la Croix Reymond
Fabre Pierre
Ferrat Pons
Filhol Reymond
Fournier Pierre
Gravier Bertrand
Gravier Jean
Gravier Pierre
Gravier Reymond
Imbert Bertrand
Imbert Durand
Isnard Reymond

Lauzard Bertrand
Lauzard Reymond
De La Lèque Guilhaume
De La Lèque Reymond
Méric Reymond
Michel Bertrand
Michel Pierre
Michel Reymond
Mionnet Reymond
Peyre Pierre
Plantier Bertrand
Plantier Guilhaume
Plantier Reymond
Pierre Guilhaume
De la Pierre Reymond
Reboul Reymond
Reyssabat Bertrand
Rostang Guilhaume
Roure Reymond
Salles Dieude
Salvaire Guilhaume
Sauvet Reymond
Teyssier Pierre
Thomas Pierre
Vacquier Guilhaume
Vacquier Michel
(53)

(1) Les noms en caractères gras indiquent ceux des familles qui se sont maintenues à Garrigues jusqu'au milieu du XIXe siècle, c'est-à-dire pendant 600 ans. Les **Baumelle** existent encore en 1903 : C'est la plus ancienne famille de Garrigues; les autres ont disparu.

PROPRIÉTAIRES A GARRIGUES AU XVI° SIÈCLE
(1504)

Dame de Cassagnes, Veuve de Jean de Gaude et mère de Guilhaume de Gaude

Amalric Bertrand
Amalric Nadal
Amat Pierre, prêtre
Arbousset Michel
Ardouin Jean, neveu
Ardouin Pierre, oncle
Aurès Pierre
Barron Claude, fils d'Etienne, aîné
Barron Etienne, aîné
Barron Etienne
Barron Etienne, cadet
Barron Etienne, fils
Barron Jean. frère de Claude
Barron Michel, père (1)
Baudit Antoine
Baudit Pierre, héritier de Brun
Bouvier Antoine
Bouvier Firmin
Brousson Claude
Brueys Etienne
Brueys Michel
Brun Etienne
Colomb Jacques
Colomb Jean
Cavalier Gilles
Chabrier Antoine
Chabrier Bernard
Folchier Jean
Fontanieu Jean

Anthoine de Garrigues, seig⁴ de Bourdic
Gaucelin Jean
Gibert Firmin
Guilhaume Pierre
Labourayre Antoine
Manse Antoinette, épˢᵉ Jourdan
Martin Roustang
Paulhat Barthélemy
Perrié Barthélemy
Prat Jacques
Reboul Jacques, savant en droit, d'Uzès
Ribes Barthélemy
Roquette Jean
Roussel Antoine
Roussel Bertrand
Ruffi Guiraud
Sayerle Firmin
Teissier Michel
Thomas Michel
Thomas Pierre
Thomas Reymond
Trenquier Pierre, donataire de Rouquette
De Verduron Guilhaume
De Verduron Pierre

(1) Les noms en caractères gras sont ceux des familles qu'on retrouvait encore à Garrigues au milieu du XIXme siècle. Actuellement, 1903, elles ont toutes disparu, à l'exception des Gibert.

QUARTIERS ET LIEUX-DITS AU XVIe SIÈCLE

(1504)

Aigueblanque
Argilhers ou Argelier
Bellaud
Bergen ou Brugen
La Cabane ou las Peyrières ou Al Grès
Camp Doumergue
Campredon
La Canabière
Chaudeyrargue
Clos des Caunels
La Combe
La Condamine
Cortilhes
Courbesse
La Croix de Dieu
Cros del Peras
En Droulhenque, ou la Condamine
La Fontanelle
La Fon del Prat
Fontjouve, ou Fontajon
Font piellouse
Font rigaude
La Garrigue
La Garriguette
La Genestière
Harnet
Joncas ou Jonquas
La Liquière, ou Fon del Prat
Marignac
Maletaverne
Le Mas
Monteil

Montgrand ouPuechMontgrand
Les Moulhières
Les Olivarèdes
L'Olmarède
Las Partidas del Castel, ou Bellaud
La Pause
Pérignac (Prigna)
La Peyrière
Le Plan del Peras
Pont Neuf
Pourbouilhargues
Pous Redoun
Redounelle
La Riasse
La Roque
La Roquette
Roc de Corbesse
Roc de Dieu
Roquebonille
La Rouvierette ou Condamine
Terre Nouvelle

DANS LE VILLAGE

Quartier du Portal
La Grand-Rue
Rue de Malaussel
Rue Malbourguet
La Forge, le Four, le Moulin des Olives
Rue du Puits rond
Quartier de la Pousaranque, (près du village)

TABLE DES MATIÈRES

Introduction 3
Origine celtique du mot Garrigues 3
Géologie 7
Période préhistorique 10
Période romaine 13
Céramique 14
Sépultures 15
Causes du déboisement 17
Wisigoths et Francs 21
Muraille wisigothique à l'intérieur du château . . . 22
Sépultures à caisson 25
Le Pégau 26
Sépultures anthropoïdes 28
Noms en *ic* 29
Tombes carolingiennes 31
Moyen-Age 32
Féodalité 33
Le château de Garrigues ; sa physionomie moderne . 35
Origine de la seigneurie 39
Saint–Bertrand de Garrigues 41
Cartulaire du château 42
Justice haute et basse ; Saint-Louis 43
Famille de Vézenobre 43
Dénombrement de 1253 46
Seigneurie d'Aubussargues 48
Famille de Tournel 49
Hommage à Guilhaume de Nogaret 52
Mariage de Sibylle de Tournel 53
Reconnaissances au profit du Roi 54
Astor II de Tournel 55
Famille de Fabrègue 57
Le fort de Garrigues 58
Famille de Cruviers 61
Coutumes de Garrigues 61
Famille de Gaude 68

Testament de Bonifice de Fabrègue 70
Le roi réclame la suzeraineté du *fort* 71
Mort de *Jean de Gaude* 73
Vente par le roi de la Justice haute 74
Dénombrement des biens nobles 76
Curieux testament de Jeanne de Cassagnes 78
Mariage de *Guilhaume de Gaude* 79

Renaissance 81
Dénombrement de 1528 82
Mort d'Isabeau de Montclar 83
Luxe des femmes 83
Jacques de Gaude 83
La Réforme 87
Jacques de Gaude embrasse la Réforme 91
Pétition des Huguenots 94
Testament de Jacques de Gaude 94
Guerres religieuses 97
Edit de Nantes 98
Paix d'Alais 98
Mariage de *Pierre de Gaude* 98
Police des mœurs 100
Elections Consulaires en 1591 101
Vente par le roi de la Justice haute et basse 103
Claude de Gaude 104
François de Gaude 105

Temps Modernes 107
Louise de Gaude 107
Philippe de Gaude de Bazan 108
Vente du Château de Garrigues à *Antoine Malarte* . . 109
Blasons 109
Fin de la Seigneurie de Garrigues 112
Le Prieur fait un procès à l'acquéreur 113
Les Protestants après la Révocation 116
Les Camisards 116

Révolution française 119
Confectisn du Cadastre 121
Bonaparte 122
Police des champs 123
Instruction primaire 125

Cultes   126
Le Temple de Garrigues.   128
Période de 1815   136
État des Chemins Publics.   143
État de l'Agriculture   144
Révolution de Février   146
Sociétés secrètes   147
Situation actuelle . . . . . . ;   148
Dépopulation   150
Nouveau Cimetière   152
Fontaines publiques   153
Mairie, Maison d'école   155
Fêtes et Jeux publics   156

Pièces Annexes

Généalogie des Seigneurs de Garrigues   167
Principales familles de Garrigues en 1253   170
Propriétaires à Garrigues en 1504   171
Quartiers et lieux-dits au seizième siècle.   172

TABLE DES FIGURES

Portrait de l'Auteur . . . .   *Hors texte*
Coupe de l'ancien cimetière et du mur Wisigots   24
Le Pégau.   27
Vue du Château en 1830   38
Blason de la Commune   141
Fontaine, École et Mairie actuelles   155

www.ingramcontent.com/pod-product-compliance
Ingram Content Group UK Ltd.
Pitfield, Milton Keynes, MK11 3LW, UK
UKHW021910070726
13613UKWH00001B/450